Talijanska kuhinja 2023

Autentični okusi Italije za vašu kuhinju

Giovanni Campoli

SADRŽAJ

Sardinijske mesne pite od šafrana 9

Teleći kotleti s pršutom i kaduljom 13

Teleći kotleti s tartufima 15

Teletina s marsalom i gljivama 18

Teleće rolnice u bijelom vinu 21

Goveđe rolice sa inćunima 23

Teleće rolice sa špinatom 25

Teleće rolice s pršutom i sirom 28

Goveđe rolice na žaru s mozzarellom i krušnim mrvicama 30

Teleći kotleti pečeni u tavi 32

Teleći kotleti s ružmarinom i bijelim vinom 34

pečeni teleći kotleti 36

Teleći kotleti sa slatkom paprikom 38

Punjeni teleći kotleti sa šunkom i fontinom 41

Teleći kotleti na milanski 43

Pirjani teleći kotleti 45

Gulaš od govedine, krumpira i mahuna 47

Goveđi paprikaš s ružmarinom i graškom 50

Gulaš od junetine i paprike 53

Goveđi paprikaš u crnom vinu 55

Goveđi gulaš s vrhnjem 58

Ražnjići od junetine, kobasica i gljiva 61

Teleći but na milanski 63

Teleći but s Barberom 66

Teleći but s vrganjima 69

pečeni goveđi but 72

Goveđi but na bakin način 74

Pečena govedina sa slaninom 77

Teletina u umaku od tune 79

Pirjana goveđa lopatica 83

Kupus punjen teletinom 85

Kruh s teletinom i tunom 89

Mletačka jetrica i luk 92

Punjena teleća prsa 94

Tava za kobasice i paprike 99

Kobasice i pečeni krumpir 101

Umbrijska kobasica i varivo od leće 103

Kobasice s grožđem 105

Kobasice s maslinama i bijelim vinom 106

Kobasice s gljivama 107

Kobasice s brokulom Rabe 109

Kobasice s lećom 111

Svinjska rebra i kupus 114

Svinjska rebra na žaru 116

Odresci s rajčicom i balzamičnim octom 118

Punjeni potplat 120

Rolice od đona s bosiljkom i bademima 122

Marinirana tuna, sicilijanski 124

Ražnjići od tune s narančom 126

Tuna i paprika na žaru, na moliški način 129

Tunjevina na žaru s limunom i origanom 132

Hrskavi odresci tune na žaru 134

Tuna na žaru s pestom od rikule 136

Varivo od graha od tune i kanelina 138

sicilijanska sabljarka s lukom 140

Sabljarka s artičokama i lukom 142

Sabljarka, Messina stil 144

rolice od sabljarke 147

Pečeni romb s povrćem 150

Prženi brancin sa zelenim češnjakom 153

Škrod s pikantnim umakom od rajčice 156

Carpaccio od lososa 158

Fileti lososa s bobicama kleke i crvenim lukom 160

Losos s proljetnim povrćem 162

Riblji fileti u zelenom umaku 164

Pečeni iverak u papiru 166

Pečena riba s maslinama i krumpirom 168

Citrus Red Snapper 171

riba u slanoj kori 173

Pečena riba u bijelom vinu i limunu 176

Pastrva s pršutom i kaduljom 178

Pečene srdele s ružmarinom 180

Sardine, na venecijanski način 182

Punjene sardine, na sicilijanski način 184

Srdele na žaru 186

Slani prženi bakalar 188

Slani bakalar, pizza stil 190

Slani bakalar s krumpirom 192

Škampi i grah 194

Škampi u umaku od češnjaka 197

Škampi s rajčicom, kaparima i limunom 199

Škampi u umaku od inćuna 201

prženi škampi 204

Tučeni škampi i lignje 207

Ražnjići od škampa na žaru 210

Jastog "Brat Đavo" 212

Pečeni punjeni jastog 215

Sardinijske mesne pite od šafrana

empanade

Čini 8

Ove male pite punjene mljevenom govedinom, maslinama i sušenim rajčicama zabavne su za zabave, piknike i obroke. Ako se čine više španjolski nego talijanski, to je zato što je Sardiniju kontrolirala Španjolska više od četiri stoljeća. Taj utjecaj odražavaju i jezik i kuhinja.

Peciva se rade kao punjena tjestenina, s nadjevom između dva dijela tijesta. Ako više volite manje pite, možete ih napraviti kao empanade tako da u disk tijesta stavite manje nadjeva, a zatim disk preklopite na pola preko nadjeva.

Tradicionalno se za najbolji okus koristi svinjska mast, ali poslužit će i maslinovo ulje.

Slastičarnica

3 1/2 šalice nebijeljenog višenamjenskog brašna

1 žličica soli

1 1/4 šalice otopljene masti ili maslinova ulja

Otprilike 1 šalica tople vode

Punjena

1 1/2 žličice šafranovih niti

1 1/4 šalice tople vode

1 funta samljevena

1 Svinjska kobasica od /4 funte na talijanski način, s uklonjenim omotačem

2 velika jaja, istučena

1/2 šalice suhih krušnih mrvica

1 1/2 šalice sušene rajčice, sitno nasjeckane

1 1/2 šalice očišćenih i nasjeckanih zelenih maslina

1 1/4 šalice nasjeckanog svježeg peršina

2 češnja češnjaka sitno nasjeckana

1 žličica soli

svježe mljeveni crni papar

1. Pripremite lisnato tijesto: U velikoj zdjeli pomiješajte brašno i sol. Dodati mast ili ulje i vodu. Miješajte dok se smjesa ne sjedini i ne dobije glatko tijesto. Po potrebi dodajte još malo vode. Prebacite tijesto na lagano pobrašnjenu površinu. Mijesiti kratko dok se ne dobije homogena masa. Tijesto oblikujte u kuglu. Pustite da odstoji, pokriveno posudom, 20 minuta do 1 sat.

2. Pripremite nadjev: Šafran u maloj šalici potopite u toplu vodu 10 minuta.

3. U velikoj zdjeli pomiješajte sve preostale sastojke za nadjev. Dodajte šafranovu vodu i dobro promiješajte.

4. Tijesto izrežite na 16 komada. (Tijesto izrežite na četvrtine. Svaku četvrtinu prepolovite, zatim svaku osminu na pola.) Pokrijte sve osim 1 komada okrenutom zdjelom. Na lagano pobrašnjenoj podlozi oblikujte komad u kuglu. S valjkom razvaljajte tijesto u krug od 4 inča. Na isti način razvaljajte preostale krugove od tijesta.

5. Zagrijte pećnicu na 400 ° F. Podmažite dva velika lima za pečenje. Stavite malu posudu s vodom blizu radne površine.

6. Nadjev podijeliti na 8 dijelova. Stavite dio nadjeva u sredinu kruga od tijesta, ostavljajući uski rub oko njega. Umočite prst u malo vode i navlažite rub tijesta. Stavite drugi krug tijesta na vrh, oblikujte tijesto oko nadjeva i lagano istiskujte zrak. Vilicom čvrsto pritisnite rubove tijesta da se spoje.

7. Stavite cupcake na pripremljeni lim za pečenje. Pomoću malog noža probušite nekoliko rupa na vrhu kako bi para izašla. Ponovite s preostalim tijestom i nadjevom, mesne štruce razmaknute oko 1 inč.

8. Pecite 25 minuta ili dok kolačići ne porumene i mesni sok ne počne mjehurićima.

9. Prebacite torte na rešetke da se ohlade. Poslužite toplo ili na sobnoj temperaturi.

Teleći kotleti s pršutom i kaduljom

saltimbocca

Za 4 porcije

Mali komadići govedine preliveni pršutom i kaduljom u Rimu se nazivaju saltimbocca, ili "skok u usta", jer se tako brzo pripremaju i jedu. Poslužite ih s mladim graškom i šparogama.

500g telećih kotleta sitno istucati i iseći na 8 delova

Sol i svježe mljeveni crni papar

8 svježih listova kadulje

4 tanke kriške uvoznog talijanskog pršuta, poprečno prerezane na pola

2 žlice maslaca

1 žlica maslinovog ulja

1/3 šalice suhog bijelog vina

1. Teletinu s obje strane pospite solju i paprom. Na svaki komad staviti po 1 list kadulje. Na vrh stavite ploške pršuta. Čačkalicama skupite meso i kadulju.

2. U velikoj teškoj tavi otopite 1 žlicu maslaca s uljem na srednje jakoj vatri. Dodajte polovicu komada teletine i kuhajte dok ne porumene s jedne strane, 3 do 4 minute. Okrenite teletinu i pecite dok ne porumeni, oko 3 minute. Prebacite meso na tanjur za posluživanje i držite ga na toplom. Ponovite s preostalom teletinom.

3. Dodajte vino i kuhajte na jakoj vatri, stružući posudu dok tekućina ne postane lagano sirupasta. Maknite s vatre i dodajte preostalu 1 žlicu maslaca. Teletinu prelijte umakom i odmah poslužite.

Teleći kotleti s tartufima

Vitello alla Petroniana

Za 4 porcije

Prije mnogo godina moj muž i ja otkrili smo malu tratoriju u blizini naše kuće u okrugu Westchester, New York. Vodila ju je obitelj iz Emilije-Romagne, a majka obitelji svaki je dan radila najfinije umjetničke tjestenine. Koliko se sjećam, uvijek sam naručivala isto: tortellini alla panna (tortelini s umakom od vrhnja) i ovo jelo od telećeg eskalopa u laganom umaku Marsala s tartufima. Nakon što smo se odselili iz kraja, godinama sam razmišljao o jelu s teletinom i jednog sam dana, na svoje iznenađenje, pronašao verziju recepta u staroj kuharici koju mi je dala majka. Prilagodio sam ovo kako bi odgovaralo mom sjećanju.

Tartufi daju luksuzan štih, no teletina je i bez njih jako dobra.

1 1/2 šalice višenamjenskog brašna

Sol i svježe mljeveni crni papar

2 žlice neslanog maslaca

1 žlica biljnog ulja

500 g telećih kotleta sitno istucanih

1 1/2 šalice suhe marsale

2 žlice svježe naribanog parmigiano-reggiana

Svježi ili konzervirani crni tartufi, narezani na vrlo tanke ploške (po želji)

1. Na komadu voštanog papira pomiješajte brašno, sol i papar po ukusu.

2. U velikoj tavi otopite maslac s uljem na srednjoj vatri. Teletinu brzo umočite u brašno i otresite višak. Stavite polovicu telećih kriški u tavu i pecite dok ne porumene s jedne strane, 3 do 4 minute. Okrenite teletinu i pecite dok ne porumeni, oko 3 minute. Prebacite meso na tanjur za posluživanje; održavanje topline. Ponovite s preostalom teletinom.

3. Dodajte marsalu i kuhajte 1 minutu, stružući po dnu posude. Smanjite toplinu. Teleće šnite vratite u tavu i pokapajte ih sokom. Teletinu pospite sirom i na vrh stavite ploške tartufa, ako ih koristite. Poklopite posudu i kuhajte još 1 minutu. Poslužite odmah.

Teletina s marsalom i gljivama

Scaloppine alla Marsala

Za 4 porcije

Engleski trgovac vinom po imenu John Woodhouse prvi je proizveo vino Marsala kakvo danas poznajemo. Godine 1773. Woodhouse je, tražeći način da stabilizira sicilijanska vina kako bi preživjela dugo putovanje morem natrag u Britaniju, otkrio da može dodati likere vinu, u procesu sličnom onom koji se koristi za izradu porta, šerija i Madeire. Utvrđeno vino postiglo je veliki uspjeh u Britaniji. Iako je danas manje popularna za piće, marsala se često koristi u talijanskoj kuhinji. Dostupne su i suhe i slatke varijante marsale. Suhe marsale, posebno odležane vergine i solera, visoko su kvalitetna vina i mogu se piti kao sherry kao aperitiv.

3 žlice neslanog maslaca

2 žlice maslinovog ulja

12 unci gljiva, bilo koje vrste, tanko narezanih

Sol i svježe mljeveni crni papar

1 1/2 šalice višenamjenskog brašna

500 g telećih kotleta sitno istucanih

3 1/4 šalice suhe marsale

1. U velikoj tavi otopite 2 žlice maslaca s 1 žlicom ulja na srednjoj vatri. Dodajte gljive te sol i papar po ukusu. Kuhajte, često miješajući, dok gljive ne omekšaju i ne porumene, oko 15 minuta. Prebacite gljive na tanjur.

2. Na komadu voštanog papira pomiješajte brašno, sol i papar po ukusu. U tavu dodajte preostalu 1 žlicu maslaca i ulja. Kad se maslac otopi, kotlete brzo umočite u brašno, otresajući višak. Dodajte polovicu komada teletine u tavu i pecite dok ne porumene s jedne strane, 3 do 4 minute. Okrenite teletinu hvataljkama i pecite dok ne porumeni, oko 3 minute. Prebacite meso na tanjur za posluživanje i držite ga na toplom. Ponovite s preostalom teletinom.

3. Dodajte marsalu u tavu. Kuhajte, miješajući drvenom kuhačom, dok umak ne postane lagano sirupast, oko 2 minute.

4. Teletinu i gljive vratiti u serpu. Kuhajte okrećući teletinu u umaku dok se ne zagrije, oko 1 minutu. Poslužite odmah.

Teleće rolnice u bijelom vinu

Rollatini di Vitello u bijelom vinu

Za 4 porcije

Diljem Italije, motanje i punjenje uobičajena je metoda da se izvuče maksimum iz male količine telećih kotleta. Za nadjev možete koristiti suho ili mljeveno meso, sir ili povrće. Ovaj je recept popularan u mnogim talijanskim restoranima u Sjedinjenim Državama.

500 g telećih kotleta sitno istucanih

Sol i svježe mljeveni crni papar

4 vrlo tanke kriške uvoznog talijanskog pršuta, poprečno prerezane na pola

2 žlice ribanog Parmigiano-Reggiano

2 žličice nasjeckanog svježeg peršina

2 žlice neslanog maslaca

1 žlica maslinovog ulja

1 1/4 šalice suhog bijelog vina

1 1/4 šalice pileće juhe

1. Teletinu pospite s obje strane solju i paprom. Na svaki komad teletine stavite krišku serrano šunke. Pospite sirom pa peršinom. Smotajte kotlete i pričvrstite čačkalicom da se zatvore.

2. U srednjoj tavi otopite 1 žlicu maslaca s uljem na srednjoj vatri. Dodajte rolnice i pecite, okrećući komade, dok ne porumene sa svih strana, oko 10 minuta. Rolice prebaciti na tanjur i ostaviti na toplom.

3. Dodajte vino i pileću juhu u tavu i kuhajte na jakoj vatri, stružući tavu, dok tekućina ne postane lagano sirupasta, oko 2 minute. Maknite s vatre i dodajte preostalu 1 žlicu maslaca. Teletinu prelijte umakom i odmah poslužite.

Goveđe rolice sa inćunima

Rollatini alla Napolitan

Za 4 porcije

Napolitanci koriste inćune u nadjevu od telećih rolada kako bi dodali pikantnost blagom okusu mesa i mozzarelle.

1 funta telećih kotleta, sitno istucanih, isječenih na 8 komada

4 unce svježe mozzarelle, izrezane na 8 (2 inča) štapića

8 fileta inćuna, ocijeđenih i osušenih

svježe mljeveni crni papar

3 žlice neslanog maslaca

1 1/2 šalice suhog bijelog vina

2 žlice nasjeckanog svježeg peršina

1. Na jedan kraći kraj svakog komada teletine stavite komad sira i inćun. Pospite paprom. Teleće ploške smotajte i zabodite čačkalicom.

2. U velikoj tavi otopite 2 žlice maslaca na srednjoj vatri. Dodajte lepinje i kuhajte dok teletina ne postane čvrsta na dodir i ne porumeni, oko 10 minuta. Prebacite rolice na tanjur za posluživanje i držite na toplom.

3. Pojačajte vatru i dodajte vino u tavu. Kuhajte struganjem po tavi dok tekućina ne postane malo gusta, oko 2 minute. Maknite s vatre i dodajte preostalu 1 žlicu maslaca i peršin. Teletinu prelijte umakom i odmah poslužite.

Teleće rolice sa špinatom

Rollatini di Vitello sa Spinaci

Za 4 porcije

Ove goveđe rolade možete sastaviti mnogo prije nego što ih skuhate. Držite ih pokrivene u hladnjaku do posluživanja. Ne brinite ako se dio špinata prolije. Dodaje boju kremastom umaku.

8 unci svježeg špinata

4 žlice neslanog maslaca

1/4 šalice ljutike ili luka vrlo sitno nasjeckanog

Prstohvat svježe naribanog muškatnog oraščića

Sol i svježe mljeveni crni papar

500g telećeg kotleta, isječenog na 8 komada, sitno istucanog

4 kriške uvoznog talijanskog pršuta, poprečno prerezane na pola

1 1/2 šalice suhog bijelog vina

1 1/2 šalice gustog vrhnja

1. Stavite špinat u veliki lonac na srednju vatru s 1/4 šalice vode. Poklopite i kuhajte 2 do 3 minute, ili dok ne omekša i omekša. Ocijediti i ohladiti. Zamotajte špinat u krpu koja ne ostavlja dlačice i iscijedite što više vode. Špinat sitno nasjeckajte.

2. U velikoj tavi otopite dvije žlice maslaca na srednjoj vatri. Dodajte ljutiku ili luk i kuhajte dok ne omekša, oko 5 minuta. Dodajte špinat, muškatni oraščić te sol i papar po ukusu. Maknite s vatre.

3. Teleće kotlete poslažite na ravnu površinu. Pospite solju i paprom. Premažite s malo špinata. Na svaku stavite pola šnite šunke. Smotajte kotlete s kraćeg kraja i svaki zabodite čačkalicom.

4. U velikoj tavi otopite preostali maslac. Dodajte goveđe rolice i zapržite ih sa svih strana oko 10 minuta. Dodajte vino i pustite da zakuha. Kuhajte 10 minuta, povremeno okrećući kiflice.

5. Dodajte vrhnje i dobro promiješajte. Pirjajte, često okrećući peciva, dok se umak ne zgusne i ne obloži peciva, 4 do 5 minuta. Uklonite štapiće prije posluživanja. Poslužite vruće.

Teleće rolice s pršutom i sirom

Spiedini di Vitello al Pršut

Za 4 porcije

Anna Tasca Lanza vodi školu kuhanja pod nazivom The World of Regaleali na obiteljskoj farmi i vinariji u Vallelungi na Siciliji. Anna me naučila sjajan trik za pripremu goveđih rolada i druge hrane kako se ne bi okretale na ražnju tijekom pečenja ili roštiljanja. Umjesto samo jednog ražnjića, upotrijebite dva, držeći ražnjiće jedan do drugog otprilike centimetar jedan od drugog poput zupaca velike vilice za meso. Rolice nabacite na oba ražnja odjednom. To sigurno drži dijelove i olakšava okretanje.

1 funta telećih kotleta, sitno istucanih, isječenih na 8 komada

Sol i svježe mljeveni crni papar

4 tanke kriške uvoznog talijanskog pršuta, poprečno prerezane na pola

4 unce fontine ili mozzarelle, izrezane na 8 štapića (2 inča).

Oko 12 velikih svježih listova kadulje

2 žlice ekstra djevičanskog maslinovog ulja

1. Teleće kotlete poslažite na ravnu površinu. Lagano pospite svježe mljevenim paprom.

2. Na svaki teleći kotlet stavite komad pršuta, po potrebi ga podrežite. Na jedan kraj svake stavite komadić sira. Smotajte kotlete s kraćeg kraja, uvlačeći sa strane kako biste oblikovali uredne kolute.

3. Postavite rešetku za roštilj ili roštilj oko 5 inča od izvora topline. Zagrijte roštilj ili roštilj. Držite dva metalna ražnjića jedan pored drugog na udaljenosti od oko 1 inča poput zupaca velike vilice za meso. Naizmjenično namotajte rolice s listovima kadulje, počevši i završivši s listovima.

4. Rolice premažite maslinovim uljem. Pecite na roštilju dok meso lagano ne porumeni, oko 5 minuta po strani. Poslužite vruće.

Goveđe rolice na žaru s mozzarellom i krušnim mrvicama

Spiedini di Vitello alla Mamma

Čini 6 porcija

Za ljetne roštilje moja bi majka na tekućoj traci pripremala velike serije ovih goveđih rolada. Prvo bi poslagao šnite mesa, a zatim bi svaki komad premazao s malo domaće masti, sastojka koji se često koristi u napuljskoj kuhinji. Zatim bismo sestra i ja prešle na preostale sastojke za punjenje. Zarolano i nabodeno, meso se može pripremiti i ohladiti do nekoliko sati prije kuhanja. Iako i dalje volim raditi ove kiflice, izbacujem maslac u ustupak modernom ukusu.

1 1/2 kilograma tanko istucanih telećih kotleta, izrezanih na 12 komada

Sol i svježe mljeveni crni papar

8 unci svježe mozzarelle, izrezane na 12 (1/2 debljine) štapića

3 žlice nasjeckanog svježeg peršina

2 češnja češnjaka sitno nasjeckana

3/4 šalice krušnih mrvica

3 žlice maslinovog ulja

1.Teletinu raširite na ravnu površinu. Pospite komade solju i paprom. Na jedan kraj svakog telećeg kotleta stavite komadić sira. Pospite peršinom i češnjakom. Teletinu smotajte s kraćeg kraja.

2.Postavite rešetku za roštilj ili roštilj oko 5 inča od izvora topline. Zagrijte roštilj ili roštilj. Držite dva metalna ili bambusova ražnjića paralelno, udaljena oko 1 inč. Jednu rolicu nabodite na ražnjiće poput zupaca velike vilice za meso. Na isti način navucite preostale rolice na ražnjiće.

3.U maloj zdjeli pomiješajte krušne mrvice sa soli i svježe mljevenim paprom. Kiflice premažite maslinovim uljem i pospite mrvicama, tapkajući ih da se zalijepe.

4.Pecite ražnjiće na roštilju, okrećući ih jednom, samo dok meso ne postane čvrsto kada se pritisne i dok se sir malo otopi, oko 10 minuta. Poslužite vruće.

Teleći kotleti pečeni u tavi

Lombatina u Padelli

Za 4 porcije

Nekad je najbolja telad bila vrlo mlada telad koja je hranjena samo majčinim mlijekom. Danas se većina životinja hrani adaptiranim mlijekom i uzgaja u oborima koji im ograničavaju kretanje. To rezultira blijedo bijelim mesom koje je vrlo mekano i nemasno. Odabrani komadi poput fileta ili rebara mogu biti skupi. Kako biste izvukli maksimum iz njih, potrebno ih je pažljivo kuhati dok nisu srednje kuhani i ružičasti u sredini, inače će biti žvakaći i bez okusa.

Ovaj recept i onaj koji slijedi dva su osnovna načina kuhanja telećih kotleta na štednjaku koji se koriste u cijeloj Italiji.

4 goveđa odreska, debljine oko 1 inča

Sol i svježe mljeveni crni papar

2 žlice neslanog maslaca

1 žlica maslinovog ulja

8 većih svježih listova kadulje narezati na komade

1. Posušite kotlete papirnatim ručnicima. Pospite kotlete s obje strane solju i paprom.

2. U tavi dovoljno velikoj da stane kotlete u jednom sloju, otopite maslac s uljem na srednje jakoj vatri. Dodajte kotlete u tavu. Oko kotleta rasporedite kadulju. Pecite 3 minute s jedne strane ili dok dobro ne porumene. Preokrenite meso pomoću hvataljki i pecite drugu stranu dok sredina ne postane ružičasta, još oko 2 minute. Poslužite odmah.

Teleći kotleti s ružmarinom i bijelim vinom

Lombatine di Vitello u bijelom vinu

Za 4 porcije

Lagano posipanje brašnom prije kuhanja pomaže ovim kotletima da lijepo porumene. Brašno također malo zgusne umak za tavu. Ovi kotleti podložni su brojnim varijacijama.

2 žlice maslinovog ulja

4 goveđa odreska, debljine oko 1 inča

1 1/2 šalice višenamjenskog brašna

2-inčna grančica ružmarina

Sol i svježe mljeveni crni papar

1 1/2 šalice suhog bijelog vina

1 žlica neslanog maslaca

1. U tavi dovoljno velikoj da u njoj stoje kotleti u jednom sloju, zagrijte ulje na srednje jakoj vatri. Kotlete brzo uvaljajte u

brašno i otresite višak. Stavite kotlete u tavu s ružmarinom. Pecite 3 minute s jedne strane ili dok dobro ne porumene. Preokrenite meso hvataljkama i pržite drugu stranu još oko 2 minute, ili dok sredina ne postane ružičasta. Prebacite kotlete na tanjur i pospite solju i paprom.

2. Ulijte ulje. Dodajte vino u tavu i pirjajte, stružući dno posude da se umiješaju posmeđene komadiće, dok se tekućina ne reducira i malo zgusne. Maknite s vatre i dodajte maslac.

3. Vratite kotlete i sav nakupljeni sok u tavu. Kuhajte 1 minutu da se zagrije. Prebacite kotlete na tanjur i poslužite vruće.

Varijacija: Umjesto ružmarina koristite kadulju ili majčinu dušicu. U tavu dodajte lagano zgnječeni češanj češnjaka. Ili pokušajte zamijeniti bijelo vino suhom marsalom.

pečeni teleći kotleti

Lombatine al Forno

Za 4 porcije

Deblje rezani kotleti dobro su prilagođeni ovoj metodi, kombinaciji kuhanja na štednjaku i pećnici. Samo pazite da kotlete ne prepečete jer će vam se inače osušiti.

1 1/4 šalice maslinovog ulja

4 teleća kotleta, debljine oko 2 cm

Sol i svježe mljeveni crni papar

1 žlica neslanog maslaca

3 češnja češnjaka sitno nasjeckana

2 grančice svježeg ružmarina

6 svježih listova kadulje

1 1/2 šalice suhog bijelog vina

1 šalica goveđe ili pileće juhe

1. Postavite rešetku u sredinu pećnice. Zagrijte pećnicu na 400°F.

2. Posušite kotlete papirnatim ručnicima. U tavi dovoljno velikoj da u njoj stoje kotleti u jednom sloju, zagrijte ulje na srednje jakoj vatri. Pospite kotlete s obje strane solju i paprom. Stavite kotlete u tavu i kuhajte dok dobro ne porumene, oko 4 minute. Preokrenite meso hvataljkama i pržite drugu stranu još 3 do 4 minute.

3. Premjestite tavu na središnju rešetku pećnice i pecite dok ne bude srednje pečeno, oko 10 minuta. Da provjerite je li gotovo, zarežite krišku na najdebljem dijelu kod kosti. Meso bi trebalo biti samo ružičasto. Stavite kotlete na pladanj. Pokrijte i držite na toplom.

4. Ulijte ulje iz tave. Stavite tavu na srednju vatru. Dodajte maslac, češnjak, ružmarin i kadulju. Kuhajte 1 minutu stružući po tavi. Dodajte vino i pustite da zakuha. Kuhajte 1 minutu. Dodajte juhu i kuhajte dok se tekućina ne reducira i malo zgusne, oko 3 minute. Začinite po ukusu solju i paprom. Procijedite umak preko kotleta. Poslužite vruće.

Teleći kotleti sa slatkom paprikom

Vitello s feferoni

Za 4 porcije

Ovo je jednostavno jelo za radnu večer koje se može mijenjati na mnogo načina. Pokušajte dodati malo inćuna zajedno s češnjakom ako ih volite.

4 žlice maslinovog ulja

3 do 4 velike crvene ili žute paprike babure, bez peteljke, jezgre i narezane na tanke kriške

2 češnja češnjaka sitno nasjeckana

8 svježih listova kadulje

Sol i svježe mljeveni crni papar po ukusu.

4 goveđa fileta ili rebra, debljine oko 1 inča

1 1/2 šalice suhog bijelog vina

1. U tavi dovoljno velikoj da stane kotleti u jednom sloju, zagrijte 3 žlice ulja na srednje jakoj vatri. Dodajte paprike i kuhajte uz povremeno miješanje 5 minuta. Dodajte češnjak, kadulju, sol i papar i kuhajte dok paprike ne omekšaju i lagano porumene, još oko 10 minuta. Prebacite paprike na tanjur i obrišite tavu.

2. Zagrijte preostalu 1 žlicu ulja na srednje jakoj vatri. Posušite kotlete i pospite s obje strane solju i paprom. Dodajte teletinu u tavu i kuhajte dok dobro ne porumeni, 4 do 5 minuta. Preokrenite kotlete hvataljkama i kuhajte dok ne porumene, oko 4 minute. Višak masnoće skinite žlicom.

3. Dodajte vino i pustite da zakuha. Poklopite i kuhajte dok kotleti ne budu gotovi po ukusu, oko 2 minute za srednje pečeno. Da provjerite je li gotovo, zarežite krišku na najdebljem dijelu kod kosti. Meso bi trebalo biti samo ružičasto. Premjestite kotlete na tanjur za posluživanje. Pokrijte i držite na toplom.

4. Pojačajte vatru i smanjite tekućinu u tavi dok se malo ne zgusne, oko 2 minute. Dodajte papriku i kuhajte 1 minutu ili dok se ne zagrije.

5.Teletinu prelijte paprikama i poslužite vruće.

Punjeni teleći kotleti sa šunkom i fontinom

Costolette alla Valdostana

Za 4 porcije

Rebarci su najbolji izbor za ovaj recept jer je kost s vanjske strane i lako je prorezati meso za nadjev.

1 1/2 šalice višenamjenskog brašna

2 velika jaja, istučena

Sol i svježe mljeveni crni papar

1 šalica suhih krušnih mrvica

4 kotleta goveđih rebara, debljine oko 1 inča

4 kriške kuhane šunke

2 unce Fontina Valle d'Aosta, izrezana na 4 kriške

4 žlice neslanog maslaca

1. Raširite brašno na komad voštanog papira. U plitkoj zdjeli umutite jaja sa soli i paprom po ukusu i stavite pored

voštanog papira. Prezle stavite u plitku posudu i stavite pored jaja, tako da budu sva tri sastojka u nizu.

2. Stavite rešetku za hlađenje na pladanj. Stavite kotlete na dasku za rezanje. Odrežite masnoću oko ruba kotleta. Držeći oštar nož paralelno s daskom za rezanje, napravite udubljenje poput džepa u svakom od kotleta. U svaki kotlet ugurati komad šunke i sira. Suhi kotleti. Umočite kotlete u brašno, zatim u jaja, zatim u krušne mrvice, tapkajući da se kotleti potpuno oblože. Stavite kotlete na rešetku da se suše 15 minuta.

3. U tavi dovoljno velikoj da u nju stane kotleti u jednom sloju, otopite maslac na srednjoj vatri. Dodajte kotlete i kuhajte dok ne porumene i postanu hrskavi, oko 5 minuta. Preokrenite kotlete hvataljkama i popržite ih s druge strane, oko 4 minute. Da provjerite je li gotovo, zarežite krišku na najdebljem dijelu kod kosti. Meso bi trebalo biti samo ružičasto. Poslužite odmah.

Teleći kotleti na milanski

Costolette alla Milanese

Za 4 porcije

Iako se kod nas često radi od telećih kotleta, u Milanu se teleća milanesa radi od sitno mljevenih telećih kotleta. Premaz za ove kotlete su samo jaja i krušne mrvice, a dobivena korica je tanja i nježnija nego u receptu. Ovi se kotleti često poslužuju uz salatu od nasjeckanih rajčica.

4 kotleta goveđih rebara, debljine oko 3/4 inča

1 šalica suhih krušnih mrvica, po mogućnosti domaćih

2 velika jaja

1 žličica soli

4 žlice neslanog maslaca

1 limun narezan na kriške

1. Odrežite masnoću oko ruba kotleta. Stavite kotlete između dvije plastične ploče. Lagano tucite meso dok ne bude debljine 1/4 inča.

2. Raširite krušne mrvice na komad voštanog papira. Na ravnom tanjuru umutite jaja sa soli i stavite pored voštanog papira. Umočite kotlete u smjesu od jaja, zatim u krušne mrvice, tapkajući da se kotleti potpuno obliže. Stavite kotlete na rešetku da se suše 10 minuta.

3. U tavi dovoljno velikoj da u nju stane kotleti u jednom sloju, otopite maslac na srednjoj vatri. Kad se pjena od maslaca slegne, dodajte kotlete i kuhajte dok ne porumene i postanu hrskavi, 3 do 4 minute. Preokrenite kotlete hvataljkama i pržite drugu stranu oko 3 minute.

4. Poslužite vruće s kriškama limuna.

Pirjani teleći kotleti

Rustin Negaa

Za 4 porcije

Milano zna biti hladno i mokro zimi, pa su obilna jela s roštilja popularna domaća jela. Ovi pirjani kotleti tipičan su obrok za prohladan dan. Poslužite ih uz pire krumpir.

1 1/4 šalice višenamjenskog brašna

Sol i svježe mljeveni crni papar

2 žlice neslanog maslaca

1 srednja glavica luka, sitno nasjeckana

1 mrkva sitno nasjeckana

2 žlice mljevene slanine

2 lista kadulje nasjeckana

1 2-inčna grančica ružmarina

4 goveđa kotleta od lopatice, debljine oko 1 inča, podrezana

1 1/2 šalice suhog bijelog vina

1 1/2 šalice pileće juhe

1. Na komadu voštanog papira pomiješajte brašno, sol i papar po ukusu.

2. U tavi dovoljno velikoj da stane sve kotlete u jednom sloju, otopite maslac na srednjoj vatri. Suhi kotleti. Umočite kotlete u brašno i otresite višak. Dodajte kotlete u tavu i pržite ih oko 3 minute. Preokrenite kotlete hvataljkama i popržite ih s druge strane, oko 2 minute.

3. Oko kotleta rasporedite luk, mrkvu, slaninu, kadulju i ružmarin. Kuhajte dok povrće ne omekša, oko 5 minuta.

4. Dodajte vino i juhu i pustite da lagano kuha. Smanjite vatru na minimum. Poklopite i kuhajte 1 sat, povremeno okrećući odreske, dok teletina ne postane vrlo mekana kada se probode vilicom. Dodajte malo vode ako umak postane pregust. Poslužite vruće.

Gulaš od govedine, krumpira i mahuna

Spezzatino di Vitello

Za 4 porcije

Svaki talijanski kuhar ima ovakav recept na svom repertoaru. Podložan je raznim varijacijama, poput dodavanja svježeg ili smrznutog graška ili lima graha umjesto zelenog graha, ili kriški repe ili mrkve umjesto krumpira. Budući da se luk prvo kuha u loncu, teletina nikad ne dobije više od svijetlo smeđe boje.

2 srednje glavice luka, nasjeckane

2 žlice maslinovog ulja

2 funte goveđe lopatice bez kostiju, obrubljene i izrezane na komade od 2 inča

Sol i svježe mljeveni crni papar

2 žličice svježeg ružmarina

1 češanj češnjaka sitno nasjeckan

2 žlice paste od rajčice

1 1/2 šalice suhog bijelog vina

3 srednja krumpira, oguljena i narezana na kriške

12 unci zelenog graha, obrezanog i narezanog na komade od 1 inča

1. U velikom loncu kuhajte luk na ulju na srednjoj vatri, često miješajući, dok ne omekša i ne porumeni, oko 10 minuta. Dodajte goveđe komade u lonac. Kuhajte dok lagano ne poprimi zlatnu boju, oko 15 minuta.

2. Pospite solju i paprom. Dodajte ružmarin i češnjak. Dodajte pastu od rajčice. Dodajte vino i pirjajte dok većina tekućine ne ispari, oko 3 minute.

3. Dodajte krumpir u lonac. Pospite solju i paprom po ukusu. Dodajte 2 šalice vode i zakuhajte smjesu.

4. Smanjite toplinu. Poklopite lonac i kuhajte, povremeno miješajući, 1 sat ili dok teletina ne omekša kada se probode vilicom.

5.Dodajte zelene mahune u lonac i pirjajte dodatnih 10 minuta ili dok svo meso i povrće ne omekšaju. Kušajte i prilagodite začine. Poslužite vruće.

Goveđi paprikaš s ružmarinom i graškom

Vitello štednjak

Za 4 porcije

Čini se da je teleća lopatica najdostupniji komad za dinstanje, ali i dio je dobar, ili možete zamijeniti komade s kostima poput prsa ili bataka. Za komade s kostima trebat će puno više vremena da se kuhaju, iako kosti dodaju mnogo okusa varivu, kao i kolagen, koji dodaje teksturu i bogatstvo tekućini za kuhanje. Ovaj gulaš jeo sam u La Campani, omiljenoj tratoriji u Rimu.

2 žlice maslinovog ulja

1 1/2 funte goveđe lopatice bez kosti, podrezane i izrezane na komade od 2 inča

1 srednja glavica luka nasjeckana

3 velika češnja češnjaka, sitno nasjeckana

2 žličice nasjeckanog ružmarina

Sol i svježe mljeveni crni papar

1 1/2 šalice suhog bijelog vina

1/2 šalice Pileća juha ili Mesna juha

2 šalice svježeg graška ili 1 (10 unci) paket smrznutog graška, djelomično odmrznutog

1. U velikom loncu ili drugom dubokom, teškom loncu s poklopcem koji čvrsto prianja, zagrijte ulje na srednje jakoj vatri. Dodajte dovoljno komadića teletine da udobno stanu u lonac u jednom sloju. Pecite, često okrećući, dok ne porumene sa svih strana, oko 15 minuta. Popržene komade prebacite na tanjur. Ponovite s preostalom teletinom. Kad porumeni vratite meso u lonac.

2. Dodajte luk, češnjak i ružmarin. Pospite solju i paprom po ukusu. Dodajte vino i pustite da zakuha. Dodajte juhu. Pokrijte tavu i smanjite vatru. Teletinu pirjajte uz povremeno miješanje na laganoj vatri 1 sat ili dok meso ne omekša kada se probode vilicom. Dodajte malo vode ako vam se varivo čini suho.

3. Dodajte grašak. Poklopite i kuhajte još 10 minuta. Kušajte i prilagodite začine. Poslužite vruće.

Gulaš od junetine i paprike

Vitello i paprikaš od feferona

Čini 6 porcija

U južnim krajevima Italije ovakva se variva rade s mesom koje god ima pri ruci, a ponekad se koristi i mješavina. Paprika i rajčica daju ljutinu govedini blagog okusa, no gulaš se može napraviti i s janjetinom ili svinjetinom. Ponekad u sastojke dodam prstohvat mljevene crvene paprike ili malo svježeg ružmarina. Blaga palenta savršen je prilog ovom jednostavnom varivu.

1 1/4 šalice maslinovog ulja

2 funte goveđe lopatice bez kostiju, obrubljene i izrezane na komade od 2 inča

2 srednje glavice luka, narezane na ploške

3 velike crvene, zelene ili žute paprike, narezane na trake od 1/2 inča

1 funta zrelih rajčica, oguljenih, bez sjemenki i nasjeckanih, ili 2 šalice nasjeckanih rajčica iz konzerve

Sol i svježe mljeveni crni papar

1. U velikom loncu zagrijte maslinovo ulje na srednje jakoj vatri. Dodajte tek toliko komadića teletine u tavu da se udobno smjeste u jednom sloju bez gužvanja. Kuhajte, često okrećući komade, dok lagano ne porumene, oko 15 minuta. Popržene komade prebacite na tanjur i ponovite s preostalom teletinom.

2. U tavu stavite luk i papriku. Kuhajte uz često miješanje dok povrće ne omekša, oko 5 minuta.

3. Dodajte govedinu, rajčice, sol i papar po ukusu. Smanjite vatru na minimum. Poklopite i kuhajte 1 sat, povremeno miješajući, ili dok teletina ne omekša kada se probode vilicom. Kušajte i prilagodite začine. Poslužite vruće.

Goveđi paprikaš u crnom vinu

Vitello al Vino Rosso

Čini 6 porcija

Jela sam ovaj goveđi gulaš u Pijemontu u kući prijatelja vinara. Preporučuju barberu, crno vino iz regije.

Barbera se proizvodi od grožđa barbera, porijeklom iz Pijemonta. Razlikuje se po tome što je jedina talijanska sorta grožđa koja se smatra ženskom, zbog čega se naziva barbera, prema ženskom rodu. Zbog visokog udjela kiselina, barbera je dobro vino za mnoga jela i vino je za svakodnevnu konzumaciju Pijemonta. Zamijenite drugim izdašnim crnim vinom ako ne možete pronaći barberu.

1 1/4 šalice višenamjenskog brašna

3 funte goveđe lopatice bez kostiju, izrezane na komade od 2 inča

2 žlice neslanog maslaca

2 žlice maslinovog ulja

1 srednja glavica luka, sitno nasjeckana

2 žlice paste od rajčice

2 šalice suhog crnog vina, poput Barbera ili Chianti

1 šalica pileće ili goveđe juhe

1 veliki češanj češnjaka, sitno nasjeckan

1 list lovora

Prstohvat suhe majčine dušice

Sol i svježe mljeveni crni papar

1. Stavite brašno na list voštanog papira. Teletinu osušite tapkanjem, pa teletinu umiješajte u brašno. Otresite višak.

2. U velikom loncu ili drugom dubokom, teškom loncu s poklopcem koji čvrsto prianja, otopite maslac s uljem na srednjoj vatri. Dodajte dovoljno komada teletine da udobno stanu u jedan sloj bez gužve. Kuhajte, često okrećući komade, dok ne porumene sa svih strana, oko 15 minuta. Teletinu prebaciti na tanjur. Na isti način skuhajte i preostalu teletinu.

3. Dodajte luk u lonac i kuhajte dok ne omekša, oko 5 minuta. Dodajte pastu od rajčice. Dodajte vino i kuhajte drvenom kuhačom po dnu lonca dok vino ne zavrije. Vratite meso u tavu i dodajte juhu, češnjak, začinsko bilje te sol i papar. Djelomično pokrijte tavu i smanjite vatru na nisku.

4. Kuhajte 1 1/2 sata, povremeno miješajući, dok meso ne omekša kada ga probodete vilicom. Dodajte još malo juhe ili vode ako umak postane pregust. Kušajte i prilagodite začine. Poslužite vruće.

Goveđi gulaš s vrhnjem

Gulaš od Vitello

Za 4 do 6 porcija

Dašak limuna u ovom elegantnom gulašu Alto Adige. Tehnika se neznatno razlikuje od ostalih variva po tome što se brašno dodaje sastojcima za aromu, a ne oblaže meso, zbog čega gulaš izgleda svjetlije.

Začinsko bilje je povezano u malu hrpicu tako da se može lako ukloniti prije posluživanja.

Ovo varivo odlično ide uz kuhani krumpir, njoke ili rižu.

2 žlice neslanog maslaca

2 1/2 funte goveđeg gulaša bez kostiju, podrezano i izrezano na komade od 1 1/2 inča

Sol i svježe mljeveni crni papar

1 srednja glavica luka, sitno nasjeckana

2 žlice višenamjenskog brašna

2 šalice pileće ili goveđe juhe

1 list lovora

3 grančice svježeg peršina

Nekoliko grančica svježeg timijana

2-inčne trake limunove korice

1 1/4 šalice gustog vrhnja

1. U velikom loncu ili drugom dubokom, teškom loncu s poklopcem koji čvrsto prianja, otopite maslac na srednjoj vatri. Dodajte dovoljno komada teletine da udobno stanu u jedan sloj. Pecite dok ne porumene sa svih strana, oko 15 minuta. Popečeno meso prebacite na tanjir. Ponovite s preostalom teletinom. Pospite solju i paprom.

2. Dodajte luk i kuhajte još 5 minuta. Pospite brašnom. Pojačajte vatru na srednje jaku i kuhajte uz stalno miješanje 2 minute ili dok brašno ne porumeni.

3. Dodajte juhu, stružući i miješajući sve zapečene komadiće na dnu tave drvenom kuhačom. Lovorov list, peršin,

majčinu dušicu i koricu limuna povežite kuhinjskim koncem i dodajte u tekućinu. Pustite tekućinu da prokuha i smanjite vatru. Pokrijte tavu i kuhajte, povremeno miješajući, dok meso ne omekša kada ga probodete vilicom, otprilike 1 1/2 sat.

4.Uklonite buket začinskog bilja. Dodajte vrhnje. Pirjajte nepoklopljeno dok se ne zgusne, oko 5 minuta. Kušajte i prilagodite začine. Poslužite vruće.

Ražnjići od junetine, kobasica i gljiva

Spiedini di Vitello

Za 4 porcije

Ako želite pronaći nešto drugačije za posluživanje na sljedećem roštilju, ne tražite dalje. Mali komadići teletine, kobasice i šampinjoni su dobitna kombinacija, pogotovo kada se peku na roštilju na drva, kao što sam ja jeo u Trattorii La Piazza u Toskani. Također se dobro kuhaju u zatvorenom prostoru ispod brojlera.

1 funta goveđe lopatice bez kostiju, obrubljena i izrezana na komade od 1 1/2 inča

2 žlice maslinovog ulja

2 žlice svježeg soka od limuna

Sol i svježe mljeveni crni papar

1 srednji crveni luk, izrezan na kriške i odvojen u slojeve

16 bijelih gljiva, opranih

Talijanska svinjska kobasica od 1 funte, izrezana na komade od 1 1/2 inča

svježe lišće kadulje

Kriške limuna

1. U velikoj zdjeli pomiješajte govedinu, ulje, limunov sok te sol i papar po ukusu. Pokrijte i ostavite da se marinira najmanje 1 sat i do 3 sata.

2. Postavite rešetku za roštilj ili roštilj oko 5 inča od izvora topline. Zagrijte roštilj ili roštilj.

3. Na 8 kratkih ražnjića naizmjenično nanizajte govedinu, luk, gljive, kobasicu i listove kadulje.

4. Pecite ražnjiće na roštilju, često ih okrećući, 6 minuta ili dok ne porumene sa svih strana i dok kobasice ne budu pečene. Poslužite vruće s kriškama limuna.

Teleći but na milanski

Osso Buco alla Milanese

Za 4 porcije

U Milanu je osso buco klasično i omiljeno jelo. Nježne ploške pirjanih goveđih bataka poslužuju se posute vrlo sitno nasjeckanim češnjakom, koricom limuna i inćunima za završni dodir umaku. Poslužite osso buco (doslovno, "kost s rupom") koristeći male žličice da izvučete aromatičnu koštanu srž. Ozbiljni ljubitelji koštane srži mogu pronaći duge, tanke žlice za uklanjanje i posljednjeg komadića. Rižoto sa šafranom na milanski načinto je savršena pratnja.

1 1/4 šalice višenamjenskog brašna

4 (1 1/2 inča debljine) mesnate kriške telećeg buta

2 žlice neslanog maslaca

1 žlica maslinovog ulja

Sol i svježe mljeveni crni papar

1 manja glavica luka sitno nasjeckana

1 1/2 šalice suhog bijelog vina

1 šalica oguljenih, sjemenki i narezanih na kockice svježih rajčica ili na kockice narezanih konzerviranih rajčica

1 šalica pileće ili goveđe juhe

2 češnja češnjaka sitno nasjeckana

2 žlice sitno nasjeckanog plosnatog lista peršina

2 fileta inćuna (po želji)

1 žličica limunove korice

1. Raširite brašno na komad voštanog papira. Teletinu udubite u brašno, otresite višak.

2. U pećnici ili drugom dubokom, teškom loncu s poklopcem koji čvrsto prianja, otopite maslac s uljem na srednjoj vatri. Dodajte teletinu i pospite solju i paprom. Kuhajte dok ne porumene, oko 10 minuta. Kriške preokrenite hvataljkama i pospite solju i paprom. Oko mesa rasporedite luk. Kuhajte dok luk ne omekša i meso ne porumeni, još oko 10 minuta.

3. Dodajte vino i kuhajte, stružući i miješajući sve zapečene komadiće na dnu tave drvenom kuhačom. Dodajte rajčice i juhu i pustite da lagano kuha. Smanjite vatru i djelomično pokrijte posudu.

4. Kuhajte, povremeno podlijevajući meso umakom, dok teletina ne omekša i ne otpadne od kosti kada se proba vilicom, 11/2 do 2 sata. Ako ima previše tekućine, maknite poklopac i ostavite da ispari.

5. Oko 5 minuta prije posluživanja pomiješajte češnjak, peršin, inćun (ako koristite) i koricu limuna. Smjesu umiješajte u umak u tavi i premažite meso. Poslužite odmah.

Teleći but s Barberom

Osso Buco al Vino Rosso

Za 4 porcije

Iako je milanska verzija osso buco najpoznatija, jelo se radi iu drugim krajevima. Ovo je pijemontski recept.

Kad kupujete teleću koljenicu za osso buco, pokušajte rezati ploške sa stražnjih nogu. Mesnatiji su od onih izrezanih iz debla. Potražite kosti s obilnom srži.

2 žlice neslanog maslaca

1 žlica maslinovog ulja

4 (1 1/2 inča debljine) mesnate kriške telećeg buta

Sol i svježe mljeveni crni papar

2 nasjeckane mrkve

1 srednja glavica luka nasjeckana

1 rebro celera, nasjeckano

1 šalica suhog crnog vina kao što je talijanska barbera ili chianti

1 šalica nasjeckanih svježih ili konzerviranih rajčica

2 žličice mljevenog svježeg timijana ili 1/2 žličice osušenog

1 šalica goveđe juheMesna juha)

1. U velikom loncu ili drugom dubokom, teškom loncu s poklopcem koji čvrsto prianja, otopite maslac s uljem na srednjoj vatri. Osušite govedinu. Teletinu dodajte u lonac i pospite solju i paprom. Kuhajte, povremeno okrećući krakove, dok ne porumene, oko 10 minuta. Teletinu prebaciti na tanjur.

2. Dodajte mrkvu, luk i celer u lonac. Kuhajte, često miješajući, dok ne omekša i ne porumeni, oko 10 minuta.

3. Dodajte vino i kuhajte, stružući tavu drvenom kuhačom. Dodajte rajčice, majčinu dušicu i juhu i pustite da lagano kuha. Vratiti meso u lonac.

4. Kad tekućina zavrije, lonac djelomično poklopite. Smanjite toplinu. Kuhajte 11/2 do 2 sata, povremeno okrećući meso i podlijevajući umakom, sve dok meso ne postane vrlo

mekano i ne spadne s kosti kada ga isprobate vilicom. Ako vam se umak čini suh, dodajte malo vode ili još juhe u lonac.

5. Teletinu prebacite na tanjur za posluživanje. Ako je umak rijedak, teletinu poklopiti i ostaviti sa strane. Stavite lonac na jaku vatru. Kuhajte uz često miješanje dok se tekućina ne reducira i postane lagano sirupasta. Meso prelijte umakom i odmah poslužite.

Teleći but s vrganjima

Stinco di Vitello al Porcini

Za 6 do 8 porcija

Iako se teleći bataci češće režu poprečno na kriške za pojedinačne porcije u Sjedinjenim Državama, u talijanskim regijama Friuli-Venezia Giulia i Veneto, but se često ostavlja cijeli za pirjanje ili pečenje.

Cijeli but izvrsno izgleda komad mesa. Kost služi kao drška za jednostavno rezanje, a meso, rezano paralelno s kosti, je ukusno, mekano i vlažno. Mesar će vjerojatno morati podrezati noge, stoga se svakako raspitajte unaprijed. Zamolite da se odreže višak kosti iznad i ispod mesa.

1 unca suhih vrganja

2 cijele teleće koljenice, obrezane tako da **odgovaraju pečenju** (oko 2 1/2 funte) i zavezane

1 1/4 šalice maslinovog ulja

1 žlica neslanog maslaca

Sol i svježe mljeveni crni papar

2 sitno nasjeckane mrkve

1 rebro celera sitno nasjeckanog

1 srednja glavica luka, sitno nasjeckana

2 mljevena češnja češnjaka

1 šalica suhog bijelog vina

1 žlica paste od rajčice

1 grančica svježeg ružmarina (2 inča)

4 svježa lista kadulje

1 list lovora

1. Stavite gljive u zdjelu s 1 šalicom tople vode. Neka odstoji 30 minuta. Izvadite gljive iz tekućine i dobro ih isperite pod mlazom vode, posebno pazeći na korijen peteljki gdje se skuplja prljavština. Ocijedite i dobro nasjeckajte. Procijedite tekućinu od gljiva kroz papirnati filter za kavu u zdjelu. Sačuvajte tekućinu.

2. U pećnici dovoljno velikoj da u nju stoje goveđi bataci jedan do drugog ili u drugom dubokom, teškom loncu s poklopcem koji čvrsto prianja, zagrijte maslinovo ulje s maslacem na srednje jakoj vatri. Dodajte teletinu i kuhajte, povremeno okrećući batake, dok ne porumene, oko 20 minuta. Pospite solju i paprom.

3. Rasporedite gljive, mrkvu, celer, luk i češnjak oko krakova i kuhajte dok povrće ne omekša, oko 10 minuta. Dodajte bijelo vino i pirjajte 1 minutu. Dodajte pastu od rajčice, tekućinu od gljiva i začinsko bilje. Pustite da zavrije i kuhajte na laganoj vatri, povremeno okrećući meso, dok ne omekša i ne otpadne s kosti kada se proba vilicom, oko 2 sata. (Dodajte malo vode ako tekućina prebrzo ispari.)

4. Prebacite meso na tanjur i pokrijte da ostane toplo. Nagnite lonac i skinite masnoću sa sokova. Odbacite bilje. Sokove kuhajte dok se malo ne zgusnu.

5. Telećim batacima skinite konce. Držeći svaki but za kost, narežite meso po dužini. Složite kriške na pladanj i prelijte ih sokom. Poslužite odmah.

pečeni goveđi but

Stinco al Forno

Za 6 do 8 porcija

U Furlaniji-Julijskoj krajini često se poslužuju cijeli teleći butovi pirjani sa začinskim biljem i bijelim vinom. Uz butove dodajte pečeni krumpir i prokulice.

2 žlice neslanog maslaca

1 žlica maslinovog ulja

2 cijele teleće koljenice, obrezane tako da odgovaraju pečenju (oko 2 1/2 funte) i zavezane

Sol i svježe mljeveni crni papar

1 1/4 šalice nasjeckane ljutike

6 svježih listova kadulje

1 2-inčna grančica ružmarina

1 1/2 šalice suhog bijelog vina

1. Postavite rešetku u sredinu pećnice. Zagrijte pećnicu na 400 ° F. U pećnici dovoljno velikoj da u nju stane meso u jednom sloju ili u drugom dubokom, teškom loncu s poklopcem koji čvrsto prianja, otopite maslac s uljem na srednjoj vatri. Osušite govedinu. U tavu dodati teleće nogice. Kuhajte, okrećući meso hvataljkama, dok ne porumeni sa svih strana, oko 20 minuta. Pospite solju i paprom.

2. Oko mesa pospite ljutiku i začinsko bilje. Kuhajte 1 minutu. Dodajte vino i pirjajte 1 minutu.

3. Poklopiti lonac i staviti u pećnicu. Kuhajte, povremeno okrećući meso, 2 sata ili dok ne omekša i ne otpadne s kosti. (Dodajte malo vode ako tekućina prebrzo ispari.)

4. Prebacite meso na pladanj. Uklonite konce. Držeći svaki but za kost, narežite meso po dužini. Složite kriške na pladanj i prelijte ih sokom. Poslužite odmah.

Goveđi but na bakin način

Brasato di Stinco di Vitello alla Nonna

Za 6 do 8 porcija

Obitelj moje prijateljice Marije Colombo došla je iz Furlanije i nastanila se u Torontu, gdje živi velika furlanska populacija. Ovaj recept bio je specijalitet njegove bake Ade.

2 cijele teleće koljenice, obrubljene za pečenje (oko 2 1/2 funte)

2 žlice neslanog maslaca

2 žlice maslinovog ulja

Sol i svježe mljeveni crni papar

2 srednje mrkve, sitno nasjeckane

1 srednja glavica luka, sitno nasjeckana

2 mljevena češnja češnjaka

grančica svježeg ružmarina

1 šalica suhog bijelog vina

1 šalica oguljenih, sjemenki i nasjeckanih rajčica

2 šalice goveđe juhe (Mesna juha)

1. Postavite rešetku u sredinu pećnice. Zagrijte pećnicu na 350 ° F. U pećnici dovoljno velikoj da u nju stanu teleće koljenice ili u drugom dubokom, teškom loncu s poklopcem koji čvrsto prianja, otopite maslac s maslinovim uljem na srednje jakoj vatri. Meso osušite i stavite u lonac. Zapržite meso sa svih strana oko 20 minuta. Pospite solju i paprom.

2. Oko mesa pospite mrkvu, luk, češnjak i ružmarin. Kuhajte dok povrće ne omekša, još oko 10 minuta.

3. Dodajte vino u lonac i kuhajte 1 minutu. Dodajte rajčice i juhu.

4. Poklopite lonac i stavite ga u pećnicu. Kuhajte, povremeno okrećući meso, 2 sata ili dok ne omekša i ne otpadne s kosti. Prebacite meso na pladanj. (Ako je umak prerijedak, pirjajte tekućinu dok se malo ne reducira.)

5. Držeći svaki but za kost, narežite meso po dužini. Kriške stavite u toplu posudu. Prelijte s malo umaka. Poslužite odmah, s preostalim umakom sa strane.

Pečena govedina sa slaninom

Vitello Arrosto

Za 8 porcija

Omot pancete postaje hrskav dok se vlaži i dodaje okus ovoj pečenoj govedini u rimskom stilu.

4 mrkve, narezane na četvrtine

2 glavice luka narezati na četvrtine

2 žlice maslinovog ulja

Sol i svježe mljeveni crni papar

3 funte pečene goveđe lopatice ili rebra bez kostiju, vezane

3 ili 4 grančice ružmarina

4 kriške slanine

1/2 šalice domaćegMesna juhaili kupovnu goveđu juhu

1. Postavite rešetku u sredinu pećnice. Zagrijte pećnicu na 350°F.

2. U tavi za pečenje pomiješajte mrkvu, luk, maslinovo ulje te sol i papar po ukusu.

3. Teletinu pospite solju i paprom. Zataknite grančice ružmarina ispod konopa koji podupiru pečenje. Odmotajte pancetu i ploške uzdužno ili poprijeko stavite preko teletine. Na povrće u tepsiji stavite teletinu.

4. Pecite teletinu 1 1/2 sata ili dok unutarnja temperatura ne dosegne 140°F kada se mjeri termometrom s trenutnim očitavanjem. Prebacite teletinu iz tave na dasku za rezanje, a povrće na pladanj. Lagano pokrijte folijom i ostavite 15 minuta.

5. Dodajte juhu u tavu. Kuhajte, stružući drvenom kuhačom po dnu posude. Prokuhajte 1 minutu.

6. Skinite konce i teletinu narežite na ploške. Prebacite kriške na pladanj, dodajte povrće i prelijte sokom odozgo. Poslužite vruće.

Teletina u umaku od tune

Vitello Tonnato

Čini 6 porcija

Teletina dinstana u bogatom umaku od tune klasično je ljetno jelo sjeverne Italije. Teletinu zamijenite svinjskim ili purećim pečenicama ili pilećim prsima, ako vam je draže. Planirajte to učiniti najmanje 24 sata prije posluživanja.

Vitello tonnato se ponekad poslužuje kao predjelo, ali ja ga više volim kao glavno jelo uz salatu od zelenih mahuna i riže.

2 litre vode

2 luka

2 rebra celera, narezana na ploške

2 mrkve, nasjeckane

6 zrna papra

1 žličica soli

2 funte bez kostiju ili okrugla pečena goveđa lopatica, podrezana i zavezana

Umočiti

2 velika jaja

1 žličica Dijon senfa

1 žlica soka od limuna

Sol

1 šalica ekstra djevičanskog maslinovog ulja

1 konzerva talijanske tune u maslinovom ulju, ocijeđena

2 fileta inćuna

1 žlica kapara, ispranih i ocijeđenih, plus još za ukras

Kriške peršina i limuna, za ukrašavanje

1. U velikom loncu pomiješajte vodu, luk, mrkvu i papar u zrnu. Dodajte sol. Zakuhajte vodu. Dodajte govedinu. Djelomično poklopite tavu i pirjajte 2 sata, ili dok teletina

ne omekša kada se probode nožem. Neka se meso ohladi u juhi.

2. Pripremite umak: U malom loncu kuhajte jaja u hladnoj vodi dok ne pokriju, 12 minuta. Ocijedite jaja, ostavite ih da se ohlade, a zatim ih ogulite. Stavite žumanjke u multipraktik ili blender. Bjelanjke sačuvajte za drugu upotrebu.

3. Dodajte senf, limunov sok i prstohvat soli. Procesirajte dok ne postane glatko. Dok procesor radi, dodajte ulje u laganom mlazu.

4. Kad ste dodali svo ulje, izmiksajte tunu, inćune i kapare dok ne postanu glatki. Probajte začine, po potrebi dodajte još limunova soka ili soli.

5. Za posluživanje: Teletinu narežite na vrlo tanke ploške. Na tanjur za posluživanje rasporedite malo umaka. Teletinu slažite na tanjur bez preklapanja šnita. Premažite još umakom. Ponovite slojeve, rasporedite preostali umak po vrhu. Pokrijte plastičnom folijom i ostavite u hladnjaku najmanje 3 sata ili najviše preko noći.

6. Neposredno prije posluživanja pospite peršinom i kaparima. Ukrasite kriškama limuna.

Pirjana goveđa lopatica

Spalla di Vitello Brasato

Čini 6 porcija

Ova starinska pečena govedina idealno je središte za nezaboravnu nedjeljnu večeru. Započnite obrok sKrema od cvjetačei popratiti teletinu saPečeni krumpir s gljivamairajčice kuhane na pari. završiti obrok saAmaretto pečene jabuke.

3 funte goveđe lopatice bez kostiju, vezane

3 žlice maslinovog ulja

2 češnja češnjaka

1 grančica ružmarina (2 inča)

Sol i svježe mljeveni crni papar

1 šalica suhog bijelog vina

1 domaća šalicaMesna juhaili kupovnu goveđu juhu

1. Stavite rešetku za pećnicu na srednju razinu pećnice. Zagrijte pećnicu na 350°F.

2. U pećnici ili drugom dubokom, teškom loncu s poklopcem koji čvrsto prianja, zagrijte maslinovo ulje na srednje jakoj vatri. Stavite pečenje u lonac. Meso dobro zapecite sa svih strana oko 20 minuta.

3. Oko teletine pospite češnjak i ružmarin. Meso pospite solju i paprom. Dodajte vino i pirjajte oko 1 minutu. Dodajte juhu i poklopite posudu. Premjestite ga u pećnicu.

4. Kuhajte meso 1 1/2 sata, ili dok ne postane vrlo mekano kada ga probodete vilicom.

5. Premjestite meso na dasku za rezanje. Pokrijte ga i ostavite da odstoji 10 minuta. Ako je u loncu ostalo previše tekućine, stavite lonac na štednjak i kuhajte dok se ne reducira. Začinite po ukusu solju i paprom.

6. Skinite konce, a meso narežite i stavite u toplu posudu. Prelijte umakom i poslužite vruće.

Kupus punjen teletinom

Involtini di Verza

Za 8 porcija

Milanski kuhari poslužuju kiflice punjene teletinom s jednostavnim pilavom od riže ili pire krumpirom. Teletinu za ovaj recept treba jako sitno samljeti pa je sama meljem u multipraktiku. Savojski kupus s naboranim listovima blaži je i slađi od kupusa s glatkim listovima, ali se može koristiti u ovom receptu.

16 većih listova savojskog kupusa

1 1/2 funte goveđe lopatice bez kosti, izrezane na komade od 2 inča i uredno podrezane

1/2 nasjeckane crvene ili žute paprike

2 velika jaja

3/4 šalice svježe naribanog parmigiano-reggiana

2 žlice nasjeckanog svježeg peršina

1/4 žličice svježe mljevenog muškatnog oraščića

1 1/2 žličice soli

svježe mljeveni crni papar

1 1/2 šalice višenamjenskog brašna

2 žlice neslanog maslaca

2 žlice biljnog ulja

1 šalica oguljenih, sjemenki i narezanih na kockice svježih rajčica ili na kockice narezanih konzerviranih rajčica

2 domaće šalicePileća juhailiMesna juha, ili kupovnu pileću ili goveđu juhu

1. Zakuhajte veliki lonac vode. Dodajte listove kupusa i kuhajte dok ne omekšaju i budu podatni, oko 2 minute. Kelj ocijedite i ohladite pod tekućom vodom. Osušite listove i stavite ih na ravnu površinu.

2. U sjeckalici sitno usitniti teletinu. Dodajte papriku, jaja, sir, peršin, muškatni oraščić te sol i papar. Procesirajte dok ne postane vrlo fino.

3. U sredinu svakog lista kupusa stavite 1/4 šalice mesne smjese. Presavijte strane preko mesa, zatim preklopite gornji i donji dio kako biste formirali uredan paket. Začepiti po dužini čačkalicom.

4. Stavite brašno u plitku zdjelu. U velikoj tavi otopite maslac s uljem na srednjoj vatri. Snopove kelja nekoliko po nekoliko uvaljajte u brašno, pa stavite u tepsiju. (Dodajte dovoljno peciva da udobno stanu u tavu.) Pecite sa svih strana oko 10 minuta. Prebacite ih na tanjur. Ostatak zapeći na isti način.

5. Kad su sve lepinje prebačene na tanjur, u tavu dodajte rajčice i juhu. Začinite solju i paprom. Vratite sarmice u serpu. Djelomično poklopite i pecite 40 minuta, jednom okrećući kiflice, nakon 20 minuta.

6. Prebacite rolice na pladanj za posluživanje. (Ako je umak prerijedak, prokuhajte ga dok se ne zgusne.) Peciva prelijte umakom i poslužite vruće.

Kruh s teletinom i tunom

Polpettone di Vitello e Tonno

Za 8 porcija

Ova štruca kruha iz regije Pijemont kombinira okuse vitello tonnato (Teletina u umaku od tune)—Hladna poširana teletina u umaku od tunjevine—u mesnoj štruci. Izvrstan je za zabavu jer ga možete pripremiti unaprijed i poslužiti na hladnoj sobnoj temperaturi. Poslužite na podlozi od zelene salate s malo kiselih krastavaca i kriškama rajčice sa strane. Lagani umak od kapara od limuna ovdje je uobičajeni dodatak, ali možete ga zamijenitiZeleni umakilimajoneza od limuna.

1 šalica talijanskog ili francuskog kruha bez kore, natrganog

1 1/2 šalice mlijeka

1 konzerva (6 1/2 unce) talijanske tune u maslinovom ulju, ocijeđena

6 fileta inćuna, ocijeđenih

2 češnja češnjaka sitno nasjeckana

1 1/4 funte mljevene junetine

2 velika jaja, istučena

2 žlice nasjeckanog svježeg peršina

Sol i svježe mljeveni crni papar

Zavoj

1 1/2 šalice ekstra djevičanskog maslinovog ulja

2 žlice svježeg soka od limuna

2 žlice kapara, oprati, ocijediti i nasjeckati

1 žlica nasjeckanog svježeg peršina

1. Namočite kruh u mlijeko dok ne omekša, oko 5 minuta. Ocijedite višak tekućine i stavite kruh u veliku zdjelu.

2. Tunu, inćune i češnjak sitno nasjeckajte. Ulijte smjesu u zdjelu i dodajte govedinu, jaja, peršin te sol i papar po ukusu. Vrlo dobro promiješajte.

3. Lagano navlažite komad gaze veličine 14 × 12 inča vodom. Stavite ga na ravnu površinu. Oblikujte mesnu smjesu u štrucu od 9 inča i centrirajte je na krpu. Krpu omotajte oko kruha, savijte ga kao zavežljaj i zamotajte do kraja. Kuhinjskim koncem zavežite pecivo u razmacima od 2 inča kao pečenje.

4. Lonac dovoljno velik da u njega stane mesna štruca napunite vodom i pustite da lagano kuha. Dodajte mesnu štrucu, poklopite lonac do pola i kuhajte 45 minuta uz okretanje kruha jednom ili dva puta. Ugasite vatru i ostavite da odstoji 15 minuta.

5. Mesnu štrucu izvadite iz tekućine i stavite na rešetku da se ocijedi i malo ohladi. Ako niste spremni za posluživanje, uklonite gazu, zamotajte kruh u plastičnu foliju i ohladite.

6. Kada ste spremni za posluživanje, pomiješajte sastojke za preljev u maloj posudi. Odmotajte mesnu štrucu i narežite na ploške. Složite kriške na pladanj i prelijte umakom. Poslužite odmah.

Mletačka jetrica i luk

Fegato alla Veneziana

Za 4 porcije

U ovom klasičnom veneto jelu teleća jetra se izrežu na vrlo tanke trakice i pirjaju sa sitno nasjeckanim lukom. Ako možete, zamolite mesara da vam nareže teletinu. Jetrica i luk poslužite uzPalentaod bijelog kukuruznog brašna.

3 žlice maslinovog ulja

3 velika luka, tanko narezana

1 1/2 kilograma teleće jetre, obrezane i izrezane na vrlo tanke trake

Sol i svježe mljeveni crni papar

1 žlica bijelog vinskog octa

1 žlica nasjeckanog svježeg peršina

1. U velikoj tavi zagrijte 2 žlice ulja na srednje jakoj vatri. Dodajte luk i kuhajte, često miješajući, dok luk ne omekša i

ne porumeni, oko 15 minuta. Po potrebi dodajte malo vode da ne porumeni.

2. Nastružite luk na tanjur. Dodajte preostalo ulje u tavu i zagrijte na srednjoj vatri. Dodajte jetricu te sol i papar po ukusu. Pojačajte vatru i kuhajte, često miješajući, dok jetra više ne bude ružičasta, oko 5 minuta.

3. Vratite luk u tavu i dodajte ocat. Miješajte dok se luk ne zagrije, oko 3 minute. Pospite peršinom i odmah poslužite.

Punjena teleća prsa

Cima alla Genovese

Za 10 do 12 porcija

Teleća prsa bez kostiju punjena mljevenim mesom, povrćem i sirom važan su dio božićne večere u mnogim genovskim domovima, iako se jedu i tijekom cijele godine. Teletina se izreže na tanke ploške i posluži sama ili uz Zeleni umak. Naručite teletinu kod mesara i zamolite ga da odreže što više masnoće i napravi duboki džep. Punjenje teletine je malo zahtjevno, ali može se skuhati i nekoliko dana unaprijed pa je odlična za feštu.

Trebat će vam lonac dovoljno velik da u njega stane teletina, poput lonca od 4 do 5 galona ili velike posude za pečenje puretine. Bilo koji od ovih može se jeftino kupiti ili ga možete posuditi od prijatelja. Također ćete trebati jaku iglu i neukusan konac za zube da ušijete podstavu u sinus.

4 litre hladne vode

2 mrkve

1 rebro celera

2 srednje glavice luka

2 češnja češnjaka

nekoliko grančica peršina

1 žlica soli

Punjena

3 kriške talijanskog ili francuskog kruha, očišćene od kore i izrezane na komade (oko 1/2 šalice)

1 1/4 šalice mlijeka

1 funta mljevene govedine

4 velika jaja, istučena

1 šalica svježe ribanog Parmigiano-Reggiano

2 češnja češnjaka sitno nasjeckana

1 1/4 šalice nasjeckanog svježeg peršina

Sol i svježe mljeveni crni papar

2 šalice svježeg graška ili 1 (10 unci) paket smrznutog graška, djelomično odmrznutog

4 unce šunke u komadu, narezane na male kockice

1 1/4 šalice pinjola

Oko 5 funti goveđa prsa bez kostiju s džepom, uredno podrezana

Radič, cherry rajčice, masline ili ukiseljeno povrće za ukras

1. U tavi dovoljno velikoj da u nju stane punjena prsa pomiješajte hladnu vodu, mrkvu, celer, luk, češnjak, peršin i sol. Na srednjoj vatri zakuhajte vodu. Kuhajte na laganoj vatri 20 minuta.

2. U međuvremenu pripremite nadjev: U maloj posudi pomiješajte kruh i mlijeko. Neka odstoji 5 minuta. Lagano stisnite kruh da se ocijedi.

3. U velikoj zdjeli pomiješajte kruh, mljevenu junetinu, jaja, sir, češnjak, peršin te sol i papar po ukusu. Dobro promiješajte. Lagano dodajte grašak, šunku i pinjole.

4. Goveđa prsa operite i osušite papirnatim ručnicima. Zagrabite smjesu u teleći džep, ravnomjerno ga napunite kako biste uklonili sve mjehuriće zraka. (Ne punite džep više od dvije trećine, jer bi punjenje moglo prsnuti tijekom kuhanja.) Zašijte otvor velikom iglom i neukusnim koncem za zube. Provjerite bočne strane i ako postoje otvori koji prijete da bi nadjev izašao, zašijte i njih.

5. Stavite goveđa prsa na komad gaze veličine 12 x 16 inča. Krpom omotajte teletinu tako da se oblikuje paket. Zavežite mesnu štrucu kuhinjskom uzicom u dijelove od 2 inča, poput pečenja.

6. Pažljivo spustite teletinu u kipuću tekućinu. Stavite mali poklopac za lonac ili neki drugi predmet na vrh teleta da ostane potopljen. Po potrebi dodajte još vode, da bude potpuno pokriveno.

7. Pustite tekućinu da zakuha. Regulirajte vatru tako da voda nastavi kuhati. Poklopite i kuhajte 1 sat. Otklopite i kuhajte još 1 do 11/2 sata, ili dok teletina ne omekša kada se probode malim nožem. (Umetnite ga kroz gazu.)

8. Pripremite veliku posudu za pečenje. Prebacite mesnu štrucu u tavu. Zamotano meso prekriti plehom ili plehom za pečenje. Stavite teški uteg, kao što je daska za rezanje i velike limenke, na vrh. Ohladite u hladnjaku preko noći ili do 2 dana.

9. Kada ste spremni za posluživanje, odmotajte teletinu. Teletinu stavite na dasku za rezanje.

10. Teletinu narežite na tanke ploške i stavite na pladanj. Ukrasite radičem ili ukrasom po želji. Poslužite na hladnom sobnoj temperaturi.

Tava za kobasice i paprike

Salsicce u Padelli

Za 4 porcije

Uvijek znam kada je ulični sajam u mom susjedstvu New Yorka. Mirisi kobasica, luka i paprika koje se peku na roštilju ispunjavaju zrak puno prije nego što je sajam na vidiku. Ova ista kombinacija kuhana u jednoj tavi čini brzi obrok za jedno jelo. Poslužite uz rustikalno crno vino i talijanski kruh.

2 žlice maslinovog ulja

1 funta svinjske kobasice na talijanski način, izrezane na komade od 1 inča

1 srednji luk, izrezan na komade od 1 inča

3 srednja višenamjenska krumpira, oguljena i izrezana na komade od 1 inča

1 zelena paprika, očišćena od sjemenki i izrezana na komade od 1 inča

1 crvena paprika, očišćena od sjemenki i izrezana na komade od 1 inča

Sol i svježe mljeveni crni papar

1. Zagrijte ulje u velikoj tavi na srednje jakoj vatri. Dodajte kobasice i dobro zapržite sa svih strana. Višak masnoće skinite žlicom.

2. Dodajte preostale sastojke u tavu. Poklopite i pirjajte uz povremeno miješanje dok krumpir ne omekša i kobasica se skuha, oko 20 minuta. Poslužite vruće.

Kobasice i pečeni krumpir

Salsicce i Patate al Oven

Za 4 porcije

Krumpir upija ljutinu kobasice dok se peče u istoj tavi. Za varijantu dodajte nekoliko kriški paprike ili gljiva.

4 srednja višenamjenska krumpira, oguljena i narezana na kriške

1 srednji luk, prepolovljen i narezan na tanke ploške

4 žlice maslinovog ulja

Sol i svježe mljeveni crni papar

1 funta slatke ili ljute kobasice na talijanski način, izrezane na 2-3 komada

1. Postavite rešetku u sredinu pećnice. Zagrijte pećnicu na 450°F.

2. U posudu za pečenje dovoljno veliku da u nju stanu svi sastojci bez gužve, pomiješajte krumpire s lukom, maslinovim uljem te soli i paprom po ukusu.

3. Pecite 30 minuta. Izvadite posudu iz pećnice. Okrenite krumpir i luk. Ugurajte komade kobasice između povrća. Vratite posudu u pećnicu i pecite dodatnih 20 do 30 minuta ili dok kobasica ne porumeni, a krumpir omekša. Poslužite vruće.

Umbrijska kobasica i varivo od leće

Salsicce u Umidu

Čini 6 porcija

Kobasica i leća je klasično jelo Umbrije. Leća koja se tamo koristi je mala smeđa sorta koja se zove lenticchie di Castelluccio. Ove ukusne mahunarke kombiniraju se s još jednim umbrijskim specijalitetom, svinjskim kobasicama od visoko cijenjenih lokalnih svinja, koje se nasjeckaju i kuhaju s lećom u varivu. Čak i bez umbrijskih specijaliteta, ovo je i dalje ukusno i zasitno jelo.

2 unce nasjeckane slanine

1 srednja glavica luka nasjeckana

1 rebro celera, nasjeckano

1 nasjeckana mrkva

6 svježih listova kadulje

Prstohvat mljevene crvene paprike

2 žlice maslinovog ulja

2 šalice leće, ubrane, isprane i ocijeđene

1 šalica nasjeckanih svježih ili ocijeđenih rajčica iz konzerve

Sol

Svinjska kobasica od 1 funte na talijanski način, skinuta ovojnica

1. U većem loncu na srednje jakoj vatri na ulju kuhajte pancetu, luk, celer, mrkvu, kadulju i crvenu papriku. Kad se panceta lagano zapeče, nakon 15-tak minuta dodajte leću, rajčice i 1 žličicu soli. Dodajte hladne vode da prekrije jedan inč. Zakuhajte. Leću pirjajte 45 minuta.

2. U međuvremenu nasjeckajte kobasicu i stavite je u srednju tavu. Kuhajte na srednjoj vatri, povremeno miješajući, dok meso kobasica dobro ne porumeni, oko 10 minuta.

3. Kad leća skoro omekša, dodajte kobasicu i kuhajte još 15 minuta. Kušajte i prilagodite začine. Poslužite vruće.

Kobasice s grožđem

Salsicce s l'Uvom

Za 4 porcije

Grožđe je slatki kontrapunkt bogatim i ukusnim svinjskim kobasicama. Po želji dodajte nekoliko lagano zgnječenih režnjeva češnjaka.

1 žlica maslinovog ulja

1 funta slatkih svinjskih kobasica na talijanski način

2 šalice crvenog ili zelenog grožđa bez sjemenki

1. U srednjoj tavi zagrijte ulje na srednjoj vatri. Dodajte kobasice i dobro zapecite sa svih strana, oko 10 minuta. Višak masnoće skinite žlicom.

2. Pospite grožđe oko kobasica i kuhajte dok se kobasice ne skuhaju, još 5 do 10 minuta. Poslužite vruće.

Kobasice s maslinama i bijelim vinom

Salsicce s maslinama

Za 4 porcije

Uz ovo rimsko jelo odlično ide Paprike s balzamičnim octom.

1 žlica maslinovog ulja

1 funta slatkih svinjskih kobasica na talijanski način

1 1/2 šalice crnih maslina sušenih na ulju, kao što je Gaeta

1 režanj češnjaka, narezan na tanke ploške

1 1/2 šalice suhog bijelog vina

2 žlice nasjeckanog svježeg peršina

1. Zagrijte ulje u srednjoj tavi na srednjoj vatri. Dodajte kobasice i popržite ih sa svih strana oko 10 minuta.

2. Dodajte masline, češnjak i vino. Smanjite toplinu. Pirjajte dok se tekućina ne smanji i kobasice ne budu kuhane, oko 10 minuta. Pospite peršinom i odmah poslužite.

Kobasice s gljivama

Salsicce s gljivama

Za 4 porcije

Basilicata je jedna od najmanjih regija u Italiji i povijesno jedna od najsiromašnijih. Ali šume u središtu regije proizvode mnoge vrste divljih gljiva. Najbolji su vrganji — boletus edulis — koji se često nazivaju francuskim imenom cèpes. Iako sam tamo imao kobasice kuhane sa svježim vrganjima, jelo je ukusno i kada se napravi sa suhim gljivama. Ove kobasice poslužite uz palentu ili pire krumpir.

1 unca suhih vrganja

2 šalice mlake vode

2 žlice maslinovog ulja

1 funta slatke kobasice na talijanski način

1 srednja glavica luka, sitno nasjeckana

1 češanj češnjaka sitno nasjeckan

1 1/4 šalice paste od rajčice

Sol i svježe mljeveni crni papar

1. Namočite gljive u vodi 30 minuta. Izvadite gljive i sačuvajte tekućinu. Isperite gljive pod hladnom tekućom vodom kako biste uklonili sav pijesak, obraćajući posebnu pozornost na krajeve stabljika gdje se skuplja prljavština. Gljive nasjeckajte na veće komade. Ulijte tekućinu od gljiva kroz papirnato cjedilo obloženo filtrom za kavu u zdjelu.

2. U srednjoj tavi zagrijte ulje na srednjoj vatri. Kuhajte kobasicu dok ne porumeni sa svih strana, oko 10 minuta. Dodajte luk i češnjak i kuhajte još 5 minuta.

3. Dodajte gljive i pastu od rajčice. Dodajte tekućinu od gljiva te sol i papar po ukusu. Zakuhajte. Kuhajte na laganoj vatri uz povremeno miješanje dok se umak ne zgusne, oko 20 minuta. Poslužite vruće.

Kobasice s brokulom Rabe

Salsicce s Cima di Monkfish

Čini 6 porcija

Volim ovo raditi s kombinacijom ljute i slatke svinjske kobasice na talijanski način, ali obje se mogu koristiti same. Ovo je fino punjenje za herojski sendvič.

3 žlice maslinovog ulja

2 funte ljute i/ili slatke talijanske kobasice, izrezane na komade od 1 1/2 inča

3 velika češnja češnjaka, lagano zgnječena

1 1/2 funte brokule rabe, izrezane na komade od 1 inča.

1 1/4 šalice vode

Sol

1. U velikoj tavi zagrijte ulje na srednje jakoj vatri. Dodajte kobasice i režnjeve češnjaka u tavu. Kuhajte 10 minuta, okrećući kobasice dok ne porumene sa svih strana. (Odbacite češnjak ako počne dobivati zlatnu boju.)

2. Dodajte brokulu i vodu. Pospite solju. Pokrijte tavu i kuhajte 5 minuta ili dok brokula ne omekša. Poslužite vruće.

Kobasice s lećom

Cotechino s Lenticchiejem

Za 8 porcija

Cotechino je velika svinjska kobasica duga oko 8 inča i široka 2½ inča. Meso je suptilno aromatizirano slatkim začinima i umotano u svinjsku kožu ili coticu kako bi ostalo vlažno i mekano dok se kuha. U Emiliji-Romagni i Lombardiji cotechino se obično poslužuje s lećom ili grahom za Novu godinu. Kao simbol kovanica, mahunarke donose sreću tijekom cijele godine.

Ovako se poslužuje i zampone, velika svinjska kobasica punjena svinjskim butom. Ako ne možete pronaći nijednu od ovih kobasica, zamijenite ih drugom velikom kobasicom, poput francuske kobasice s češnjakom.

1 sitno nasjeckani luk

1 mrkva sitno nasjeckana

1 rebro celera sitno nasjeckanog

3 žlice maslinovog ulja

1 češanj češnjaka sitno nasjeckan

Prstohvat mljevene crvene paprike

1 funta leće, ubrane, isprane i ocijeđene

1 šalica nasjeckanih svježih ili konzerviranih rajčica

5 do 6 šalica vode

Sol

2 cotechina ili druge velike svinjske kobasice, oko 1 funta

1. U velikom loncu kuhajte luk, mrkvu i celer na srednjoj vatri s maslinovim uljem dok povrće ne omekša, oko 5 minuta.

2. Dodajte češnjak i crvenu papriku i kuhajte još 2 minute. Dodajte leću, rajčicu, vodu i sol po ukusu. Zakuhajte. Smanjite vatru i kuhajte oko 45 minuta ili dok leća ne omekša. (Dodajte još vode ako se leća čini suhom.)

3. Dok se leća kuha, stavite kobasice u veliki lonac s vodom da ih prekrije. Djelomično poklopite tavu i pustite da lagano kuha. Kuhajte 45 minuta ili prema preporuci proizvođača.

4. Prebacite kobasicu na dasku za rezanje. Kobasice narežite na deblje ploške. Leću posložite na vrući pladanj za posluživanje. Po vrhu rasporedite ploške kobasice. Poslužite odmah.

Svinjska rebra i kupus

Spuntatura Maiale i Cavolo

Za 4 porcije

U Furlaniji-Julijskoj krajini svinjska rebarca i kupus koji se polako kuhaju dok meso ne otpadne s kosti, a povrće se praktički otopi, začinjaju se aromatičnim kobasicama. Poslužite s palentom na maslacu ili pire krumpirom za izdašan zimski obrok.

2 žlice maslinovog ulja

1 1/2 funte mesnata rebra, lijepo obrubljena

2 slatke svinjske kobasice na talijanski način, izrezane na komade od 1 inča

1 veliki luk nasjeckan

1 1/2 šalice suhog bijelog vina

1 1/2 glavice nasjeckanog kupusa (oko 8 šalica)

Sol

1. U velikoj pećnici ili nekom drugom dubokom, teškom loncu s poklopcem koji čvrsto prianja, pecite svinjska rebra i kobasice u ulju na srednjoj vatri dok ne porumene s jedne strane, oko 8 minuta.

2. Preokrenite meso hvataljkama i rasporedite luk po komadima. Kuhajte, povremeno miješajući, dok luk ne omekša i ne porumeni, oko 10 minuta.

3. Dodajte vino i pustite da zakuha. Dodajte kupus. Pospite solju. Poklopite lonac i smanjite vatru na nisku. Kuhajte, povremeno miješajući, oko 1 sat i 30 minuta, ili dok meso na rebrima ne omekša i ne otpadne s kosti. Prebacite na pladanj za posluživanje i poslužite vruće.

Svinjska rebra na žaru

Spitatura alla Griglia

Za 4 do 6 porcija

Grilanje ili pečenje na žaru odličan je način za brzo kuhanje rebarca. Postavite stalak ili posudu za brojlere dovoljno daleko od izvora topline kako rebarca ne bi izgorjela. Često ih okrećite kako bi se ravnomjerno ispekle.

3 češnja češnjaka sitno nasjeckana

1 1/4 šalice maslinovog ulja

1 žlica sitno nasjeckanog svježeg ružmarina

Prstohvat mljevene crvene paprike

Sol

4 funte rebarca, izrezanih na pojedinačna rebarca

1. U plitkoj posudi pomiješajte češnjak, ulje, ružmarin, crvenu papriku i sol po ukusu. Dodajte rebarca i promiješajte ih da

se oblože marinadom. Pokrijte i ostavite u hladnjaku 3 sata do preko noći.

2. Postavite roštilj ili posudu za pečenje oko 6 inča od izvora topline. Zagrijte roštilj ili roštilj. Pecite rebarca na roštilju, često ih okrećući hvataljkama, dok ne porumene i ne budu pečena, oko 20 minuta. Poslužite vruće.

Odresci s rajčicom i balzamičnim octom

Riblji file s balsamicom

Za 4 porcije

Ova kombinacija tople, blago hrskave ribe i preljeva od svježe rajčice i začinskog bilja jedna je od mojih najdražih.

1 velika rajčica oguljena, očišćena od sjemenki i sitno nasjeckana

2 žlice kapara, opranih i ocijeđenih

2 žlice nasjeckanog svježeg vlasca

Sol i svježe mljeveni crni papar

1 žlica balzamičnog octa

1 1/4 šalice brašna

1 1/2 funte fileta škrpine, pompana ili druge čvrste ribe

4 žlice neslanog maslaca

1. Pomiješajte rajčicu, kapare, vlasac, sol i papar po ukusu. Dodajte ocat.

2. Raširite brašno na list voštanog papira. Pospite ribu solju i paprom. Filete uvaljajte u brašno, lagano otresite višak.

3. U velikoj tavi otopite maslac na srednjoj vatri. Dodajte ribu i kuhajte, jednom okrećući, dok ne postane neprozirna kada se prereže najdeblji dio, oko 8 do 10 minuta, ovisno o debljini fileta.

4. Posložite filete na pladanj za posluživanje. Ocijedite smjesu od rajčice i stavite preko ribe. Poslužite vruće.

Punjeni potplat

sogliole ripiene

Za 4 porcije

Prisutnost grožđica, pinjola i kapara u ovom ukusnom nadjevu obično je znak sicilijanskog jela, iako ovaj recept potječe iz Ligurije. Bez obzira na podrijetlo, nadjev oplemenjuje filete bijele ribe. Odaberite velike, tanke filete, poput lista ili iverka.

1 1/2 šalice krušnih mrvica

2 žlice pinjola

2 žlice grožđica

2 žlice kapara, opranih i ocijeđenih

1 žlica nasjeckanog svježeg peršina

1 mali češanj češnjaka, sitno nasjeckan

3 žlice maslinovog ulja

2 žlice svježeg soka od limuna

Sol i svježe mljeveni crni papar

4 fileta lista, iverka ili drugih tankih fileta (oko 1 1/2 funte)

1. Postavite rešetku u sredinu pećnice. Zagrijte pećnicu na 400 ° F. Namastite veliki lim za pečenje.

2. Pomiješajte krušne mrvice, pinjole, grožđice, kapare, peršin i češnjak. Dodajte 2 žlice ulja, limunov sok te sol i papar po ukusu.

3. Ostavite 2 žlice smjese za mrvice. Ostatak podijelite na pola svakog fileta. Presavijte filete da obuhvatite nadjev. Stavite filete u tepsiju. Pospite odvojenom smjesom od mrvica. Prelijte preostalom žlicom ulja.

4. Pecite 6 do 8 minuta, ili dok ne postane neprozirno kada se izreže na najdeblji dio. Poslužite vruće.

Rolice od đona s bosiljkom i bademima

Sogliola s Basilicom i Mandorleom

Za 4 porcije

Andrea Felluga iz vinarije Livio Felluga uzeo je mog supruga i mene pod svoje i pokazao nam svoju regiju Friuli-Venezia Giulia. Jedan nezaboravan grad koji smo posjetili je Grado, na jadranskoj obali. Smješten na otoku, Grado je bio utočište za rimske građane iz obližnje Akvileje koji su bježali od napada Atile Huna u 5. stoljeću. Danas je to ljekilište, iako se čini da ga malo koji ne-Talijani posjećuje, radije masovno hrle u obližnju Veneciju. Ovako pripremljen morski list jeli smo u Restaurante Colussi, živahnom restoranu koji poslužuje tipičnu regionalnu hranu.

4 fileta lista, iverka ili drugih tankih fileta (oko 1 1/2 funte)

Sol i svježe mljeveni crni papar

6 listova svježeg bosiljka, sitno nasjeckanog

2 žlice neslanog maslaca, otopljenog

1 žlica svježeg soka od limuna

1/4 šalice narezanih badema ili pinjola

1. Postavite rešetku u sredinu pećnice. Zagrijte pećnicu na 350 ° F. Premažite maslacem malu posudu za pečenje.

2. Filete lista prepolovite po dužini. Položite filete kožom prema gore na ravnu površinu i pospite solju i paprom. Pospite polovicom bosiljka, maslacem i limunovim sokom. Počevši od najšireg kraja, smotajte komade ribe. Stavite rolice sa šavom prema dolje u posudu za pečenje. Pokapajte preostalim limunovim sokom i maslacem. Po vrhu pospite preostali bosiljak i orahe.

3. Pecite ribu 15 do 20 minuta, ili dok ne postane prozirna kada se preže na najdeblji dio. Poslužite vruće.

Marinirana tuna, sicilijanski

Tonno Condito

Za 4 porcije

Tuna se u ovom receptu lagano kuha na pari, a zatim začini svježim biljem i začinima. Bio bi to hladan i osvježavajući ljetni obrok poslužen na podlozi od mlade zelene salate ili rikule s krumpir salatom.

Odresci tune od 1 1/4 funte, debljine oko 3/4 inča

2 žlice crvenog vinskog octa

Sol

3 do 4 žlice ekstra djevičanskog maslinovog ulja

1 češanj češnjaka sitno nasjeckan

2 žlice nasjeckanog svježeg peršina

1 žlica nasjeckane svježe metvice

1/2 žličice mljevene crvene paprike

1.Napunite lonac koji može stati na rešetku za paru s 1/2 inča vode. Zakuhajte vodu. U međuvremenu narežite tunu na trakice debljine 1/2 inča. Raširite ribu na rešetku kuhala na pari. Stavite rešetku u lonac. Pokrijte lonac i pustite da se tuna kuha na pari 3 minute ili dok sredina ne postane blago ružičasta. Provjerite je li pečeno malim rezom na najdebljem dijelu ribe.

2.U dubokom tanjiru pjenasto izmiješajte ocat i sol. Dodajte ulje, češnjak, začinsko bilje i mljevenu crvenu papriku. Dodajte komadiće tunjevine.

3.Pustite da odstoji otprilike 1 sat prije posluživanja.

Ražnjići od tune s narančom

Spiedini di Tonno

Za 4 porcije

Svakog se proljeća sicilijanski ribari okupljaju na mattanzi, klanju tune. Ovaj ritualni ribolovni maraton uključuje brojne male čamce pune muškaraca koji tjeraju tune koje migriraju u niz sve manjih mreža dok ne budu zarobljeni. Ogromne ribe se zatim ubijaju i unose na brodove. Proces je naporan, a dok rade, muškarci pjevaju posebne pjesme koje povjesničari datiraju iz srednjeg vijeka ili čak i ranije. Iako ova praksa izumire, još uvijek postoji nekoliko mjesta duž sjeverne i zapadne obale gdje se održava mattanza.

Sicilijanci imaju bezbroj načina kuhanja tune. Uz njega je aroma pečene naranče i začinskog bilja preludirala primamljivom okusu čvrstih komadića ribe.

1 1/2 funte svježe tune, sabljarke ili fileta lososa (debljine oko 1 inča)

1 pupak naranče, izrezati na 16 dijelova

1 manja glavica crvenog luka isjeckana na 16 komada

2 žlice maslinovog ulja

2 žlice svježeg soka od limuna

1 žlica nasjeckanog svježeg ružmarina

Sol i svježe mljeveni crni papar

6 do 8 listova lovora

1. Narežite tunu na komade od 1 1/2 inča. U velikoj zdjeli pomiješajte komade tune, naranče i crvenog luka s maslinovim uljem, limunovim sokom, ružmarinom te soli i paprom po ukusu.

2. Postavite rešetku za roštilj ili roštilj oko 5 inča od izvora topline. Zagrijte roštilj ili roštilj.

3. Na 8 ražnjića naizmjence nanizati tunu, komadiće naranče, luk i lovor.

4. Pecite na roštilju dok tuna ne porumeni, oko 3 do 4 minute. Okrenite ražnjiće i pecite dok izvana ne porumene, ali još uvijek budu ružičasti u sredini, još oko 2 minute ili dok ne budu kuhani po ukusu. Poslužite vruće.

Tuna i paprika na žaru, na moliški način

Tonno e Peperoni

Za 4 porcije

Paprike i čili papričice jedno su od obilježja kuhanja u stilu Molisea. Prvo sam ovo jelo radila sa sgombrijem koji je sličan skuši, ali često ga radim s odrescima tune ili sabljarke.

4 crvene ili žute paprike

4 odreska tune (svaki debljine oko 3/4 inča)

2 žlice maslinovog ulja

Sol i svježe mljeveni crni papar

1 žlica svježeg soka od limuna

2 žlice nasjeckanog svježeg peršina

1 mali jalapeno ili drugi svježi čili, sitno nasjeckana ili mljevena crvena paprika po ukusu

1 češanj češnjaka sitno nasjeckan

1. Postavite roštilj ili posudu za pečenje na oko 5 inča od izvora topline. Pripremite srednje jaku vatru na roštilju ili prethodno zagrijte brojler.

2. Pecite paprike na roštilju ili ih pecite, često ih okrećući, dok se na koži ne pojave mjehuri i malo pougljenje, oko 15 minuta. Paprike stavite u zdjelu i prekrijte aluminijskom folijom ili prozirnom folijom.

3. Premažite odreske tune uljem te posolite i popaprite po ukusu. Pecite ribu na roštilju dok ne porumeni s jedne strane, oko 2 minute. Okrenite ribu hvataljkama i pecite dok ne postane zlatna s druge strane, ali još uvijek ružičasta u sredini, još oko 2 minute ili dok ne bude gotova po ukusu. Provjerite je li pečeno malim rezom na najdebljem dijelu ribe.

4. Paprikama izvadite jezgru, ogulite i očistite sjemenke. Papriku narežite na trakice od 1/2 inča i stavite u zdjelu. Začinite s 2 žlice ulja, limunovim sokom, peršinom, čilijem, češnjakom i soli po ukusu. Lagano promiješajte.

5. Narežite ribu na kriške od 1/2 inča. Stavite kriške malo preklapajući na tanjur za posluživanje. Na vrh posipajte paprike. Poslužite vruće.

Tunjevina na žaru s limunom i origanom

Tonno alla Griglia

Za 4 porcije

Kad sam prvi put posjetio Siciliju, 1970., nije bilo puno restorana; činilo se da svi oni koji su postojali poslužuju isti jelovnik. Ovako pripremljene odreske tune ili sabljarke jeo sam gotovo za svaki ručak i večeru. Srećom, uvijek je bio dobro pripremljen. Sicilijanci svoje riblje filete režu samo na debljinu od 1/2 inča, ali ja više volim da budu debljine 1 inča kako se ne bi previše lako skuhali. Tuna je najbolja, vlažna i mekana, kada se kuha dok sredina ne postane crvena ili ružičasta, dok bi sabljarka trebala biti blago ružičasta. Budući da ima hrskavicu koju treba omekšati, morski pas se može kuhati nešto duže.

4 odreska tune, sabljarke ili morskog psa, debljine oko 1 inča

Maslinovo ulje

Sol i svježe mljeveni crni papar

1 žlica svježe iscijeđenog soka od limuna

1 1/2 žličice sušenog origana

1. Postavite rešetku za roštilj ili roštilj oko 5 inča od izvora topline. Zagrijte roštilj ili roštilj.

2. Filete obilato premažite uljem i posolite i popaprite po ukusu.

3. Pecite ribu na roštilju dok lagano ne porumeni s jedne strane, 2 do 3 minute. Okrenite ribu i pecite dok lagano ne porumeni, ali još uvijek bude ružičasta iznutra, još oko 2 minute ili dok ne bude gotova po ukusu. Provjerite je li pečeno malim rezom na najdebljem dijelu ribe.

4. U maloj posudi pomiješajte 3 žlice maslinovog ulja, limunov sok, origano te sol i papar po ukusu. Odreske tune prelijte mješavinom limunovog soka i odmah poslužite.

Hrskavi odresci tune na žaru

Tonno alla Griglia

Za 4 porcije

Krušne mrvice čine lijep hrskav premaz na ovim ribljim filetima.

4 odreska tune ili sabljarke (debljine 1 inča)

3/4 šalice suhih krušnih mrvica

1 žlica nasjeckanog svježeg peršina

1 žlica nasjeckane svježe metvice ili 1 žličica sušenog origana

Sol i svježe mljeveni crni papar

4 žlice maslinovog ulja

Kriške limuna

1. Zagrijte roštilj. Namastite pleh za pečenje. U zdjeli pomiješajte krušne mrvice, peršin, metvicu te sol i papar po

ukusu. Dodajte 3 žlice ulja ili tek toliko da se mrvice navlaže.

2.Stavite riblje filete u posudu za pečenje. Polovicu mrvica rasporedite po ribi, tapkajući po njoj.

3.Pecite filete na roštilju oko 6 inča od topline 3 minute ili dok mrvice ne porumene. Metalnom lopaticom pažljivo preokrenite filete i pospite ostatkom mrvica. Pecite na roštilju još 2 do 3 minute ili dok sredina još nije ružičasta ili dok ne bude gotovo po ukusu. Provjerite je li pečeno malim rezom na najdebljem dijelu ribe.

4.Prelijte preostalom žlicom ulja. Poslužite vruće, s kriškama limuna.

Tuna na žaru s pestom od rikule

Tonno al Pesto

Za 4 porcije

Ljuti okus rikule i svijetla smaragdno zelena boja ovog umaka savršeno se nadopunjuju svježom tunom ili sabljarkom. Ovo jelo je dobro i na hladnoj sobnoj temperaturi.

4 odreska tune, debljine oko 1 inča

Maslinovo ulje

Sol i svježe mljeveni crni papar

pesto od rukole

1 vezica rikule, oprane i očišćene od peteljki (oko 2 šalice lagano upakirane)

1 1/2 šalice lagano upakiranog svježeg bosiljka

2 češnja češnjaka

1 1/2 šalice maslinovog ulja

Sol i svježe mljeveni crni papar

1. Natrljajte ribu s malo ulja te soli i papra po ukusu. Pokrijte i stavite u hladnjak dok ne bude spremno za kuhanje.

2. Za pripremu pesta: U procesoru hrane pomiješajte rikulu, bosiljak i češnjak i izmiješajte dok se ne usitne. Polako dodajte ulje i obradite dok ne postane glatko. Posoliti i popapriti po ukusu. Pokrijte i ostavite stajati 1 sat na sobnoj temperaturi.

3. U velikoj tavi koja se ne lijepi, zagrijte 1 žlicu ulja na srednje jakoj vatri. Dodajte kriške tune i kuhajte 2 do 3 minute sa svake strane ili dok izvana ne porumene, ali još uvijek budu ružičaste u sredini, ili dok ne budu kuhane po ukusu. Provjerite je li pečeno malim rezom na najdebljem dijelu ribe.

4. Poslužite tunu toplu ili na sobnoj temperaturi, prelivenu pestom od rikule.

Varivo od graha od tune i kanelina

Tonno štednjak

Za 4 porcije

Tijekom zime, sklon sam kuhati više mesa nego morskih plodova jer se meso čini zasitnijim kad je hladno. Iznimka je ovaj gulaš s grahom i svježim, mesnatim odrescima tune. Ima sve osobine da se lijepe za rebra i ima dobar okus graha, ali bez mesa, što ga čini savršenim za ljude koji preferiraju bezmesna jela.

2 žlice maslinovog ulja

1 1/2 funte svježe tune (debljine 1 inča), izrezane na komade od 1 1/2 inča

Sol i svježe mljeveni crni papar po ukusu.

1 veća crvena ili zelena paprika, narezana na sitne komadiće

1 šalica konzerviranih pelata, ocijeđenih i nasjeckanih

1 veliki češanj češnjaka, sitno nasjeckan

6 svježih listova bosiljka, narezanih na komadiće

1 (16 unca) limenka cannellini graha, ispranog i ocijeđenog, ili 2 šalice kuhanog suhog graha

1. Zagrijte ulje u velikoj tavi na srednje jakoj vatri. Posušite komade tune papirnatim ručnicima. Kad se ulje zagrije, dodajte komade tune bez punjenja u posudu. Kuhajte dok komadići lagano ne porumene izvana, oko 6 minuta. Prebacite tunjevinu na tanjur. Pospite solju i paprom.

2. Dodajte papriku u tavu i kuhajte, povremeno miješajući, dok tek ne počne rumeniti, oko 10 minuta. Dodajte rajčicu, češnjak, bosiljak, sol i papar. Zakuhajte. Dodajte grah, poklopite i smanjite vatru na najnižu. Kuhajte 10 minuta.

3. Dodajte tunu i kuhajte dok tuna ne postane lagano ružičasta u sredini, još oko 2 minute ili dok ne bude gotova po ukusu. Provjerite je li pečeno malim rezom na najdebljem dijelu ribe. Poslužite vruće.

sicilijanska sabljarka s lukom

Fish Spada a Sfinciuni

Za 4 porcije

Sicilijanski kuhari pripremaju ukusnu pizzu koja se zove sfinciuni, riječ izvedena iz arapskog i znači "lagana" ili "prozračna". Pizza ima debelu, ali laganu koru i prelivena je lukom, inćunima i umakom od rajčice. Ovaj tradicionalni recept za sabljarku izveden je iz te pizze.

3 žlice maslinovog ulja

1 srednji luk, narezan na tanke ploške

4 nasjeckana fileta inćuna

1 šalica oguljenih, sjemenki i narezanih na kockice svježih rajčica ili rajčica iz konzerve, ocijeđenih i narezanih na kockice

Prstohvat sušenog origana, izmrvljenog

Sol i svježe mljeveni crni papar po ukusu.

4 fileta sabljarke, debljine oko 3/4 inča

2 žlice suhih krušnih mrvica

1. Ulijte 2 žlice ulja u srednju tavu. Dodajte luk i kuhajte dok ne omekša, oko 5 minuta. Dodajte inćune i kuhajte još 5 minuta ili dok ne omekšaju. Dodajte rajčice, origano, sol i papar i pirjajte 10 minuta.

2. Postavite rešetku u sredinu pećnice. Zagrijte pećnicu na 350 ° F. Namastite lim za pečenje dovoljno velik da u njega stane riba u jednom sloju.

3. Osušite filete sabljarke. Stavite ih u pripremljenu posudu. Pospite solju i paprom. Žlicom ulijevajte umak. Prezle pomiješajte s preostalom žlicom ulja. Preko umaka rasporedite mrvice.

4. Pecite 10 minuta ili dok riba ne postane blago ružičasta u sredini. Provjerite je li pečeno malim rezom na najdebljem dijelu ribe. Poslužite vruće.

Sabljarka s artičokama i lukom

Fish Spada s Carciofi

Za 4 porcije

Artičoke su jedno od omiljenih sicilijanskih povrća. Uspjevaju u vrućim, sušnim uvjetima Sicilije, a ljudi ih uzgajaju u svojim kućnim vrtovima kao ukrasnu biljku. Sicilijanska sorta ne naraste tako velika kao divovi koje ponekad vidim na ovdašnjim tržnicama, a mnogo je nježnija.

2 srednje artičoke

2 žlice maslinovog ulja

4 deblja fileta sabljarke, tune ili morskog psa

Sol i svježe mljeveni crni papar

2 srednje glavice luka

4 nasjeckana fileta inćuna

1 1/4 šalice paste od rajčice

1 šalica vode

1 1/2 žličice sušenog origana

1. Odrežite artičoke do središnjeg stošca blijedozelenog lišća. Malim kuhinjskim nožem ogulite bazu i peteljke artičoka. Odrežite krajeve stabljike. Artičoke prepolovite po dužini. Izvadite prigušnice. Srca narežite na tanke ploške.

2. U velikoj tavi zagrijte ulje na srednje jakoj vatri. Osušite sabljarku i pecite dok ne porumeni s obje strane, oko 5 minuta. Pospite solju i paprom. Izvadite ribu na tanjur.

3. Dodajte luk i artičoke u tavu. Kuhajte na srednjoj vatri uz često miješanje dok luk ne omekša, oko 5 minuta. Dodajte inćune, pastu od rajčice, vodu, origano te sol i papar po ukusu. Pustite da zavrije i smanjite vatru. Kuhajte 20 minuta ili dok povrće ne omekša, povremeno miješajući.

4. Gurnite povrće na vanjski rub posude i vratite ribu u posudu. Prelijte ribu umakom. Kuhajte 1 do 2 minute ili dok se riba ne zagrije. Poslužite odmah.

Sabljarka, Messina stil

Riba Spada Messinese

Za 4 porcije

Izvrsna sabljarka lovi se u vodama Sicilije, a Sicilijanci imaju bezbroj načina za njezinu pripremu. Riba se jede sirova, narezana na papir na tanke ploške u svojevrsnom carpacciu, ili samljevena u kobasice koje se kuhaju u umaku od rajčice. Kocke sabljarke pomiješaju se s tjesteninom, peku se kao meso ili se peku na roštilju. Ovo je klasičan recept iz Messine, na istočnoj obali Sicilije.

1 funta kuhanog krumpira

2 žlice maslinovog ulja

1 veliki luk nasjeckan

1 1/2 šalice crnih maslina bez koštica, grubo nasjeckanih

2 žlice kapara, opranih i ocijeđenih

2 šalice oguljenih rajčica, bez sjemenki i narezanih na kockice, ili rajčica iz konzerve, ocijeđenih i narezanih na kockice

Sol i svježe mljeveni crni papar

2 žlice nasjeckanog plosnatog lista peršina

4 fileta sabljarke, debljine 1 inča

1. Oribajte krumpire i stavite ih u lonac s hladnom vodom da pokriju. Zakuhajte vodu i kuhajte dok krumpir ne omekša, oko 20 minuta. Ocijedite, pustite da se malo ohladi, a zatim ogulite krumpir. Narežite ih na tanke ploške.

2. Ulijte ulje u veliki lonac. Dodajte luk i kuhajte, često miješajući, na srednjoj vatri dok ne omekša, oko 10 minuta. Dodajte masline, kapare i rajčice. Začinite po ukusu solju i paprom. Kuhajte dok se malo ne zgusne, oko 15 minuta. Dodajte peršin.

3. Postavite rešetku u sredinu pećnice. Zagrijte pećnicu na 425 ° F. Izlijte polovicu umaka na lim za pečenje dovoljno velik da u njega stane riba u jednom sloju. Stavite sabljarku u tavu i pospite solju i paprom. Po vrhu posložite krumpir,

malo preklapajući ploške. Preko svega prelijte preostali umak.

4.Pecite 10 minuta ili dok riba ne postane lagano ružičasta u sredini i dok umak ne počne mjehuriti. Poslužite vruće.

rolice od sabljarke

Rollatini di Pesce Spada

Čini 6 porcija

Poput telećih ili pilećih kotleta, vrlo tanke kriške mesnate sabljarke čvrsto se omotaju oko nadjeva i peku na roštilju ili u pečenju. Nadjev mijenjajte dodavanjem grožđica, nasjeckanih maslina ili pinjola.

1 1/2 funte sabljarke, narezane na vrlo tanke kriške

3/4 šalice suhih krušnih mrvica

2 žlice kapara, oprati, nasjeckati i ocijediti

2 žlice nasjeckanog svježeg peršina

1 veliki češanj češnjaka, sitno nasjeckan

Sol i svježe mljeveni crni papar

1 1/4 šalice maslinovog ulja

2 žlice svježeg soka od limuna

1 limun narezan na kriške

1. Postavite rešetku za roštilj ili roštilj oko 5 inča od izvora topline. Zagrijte roštilj ili roštilj.

2. Uklonite kožu sa sabljarke. Stavite kriške između dvije plastične ploče. Lagano istucite kriške dok ne budu jednake debljine 1/4 inča. Narežite ribu na komade veličine 3 × 2 inča.

3. U srednjoj zdjeli pomiješajte krušne mrvice, kapare, peršin, češnjak te sol i papar po ukusu. Dodajte 3 žlice ulja i miješajte dok se mrvice ravnomjerno ne navlaže.

4. Na jedan kraj komada ribe stavite žlicu smjese od mrvica. Smotajte ribu i učvrstite je čačkalicom. Stavite rolice na tanjur.

5. Umutiti limunov sok i preostalo ulje. Smjesu premažite kistom po kiflicama. Pospite ribu preostalom mješavinom krušnih mrvica, tapkajući da se zalijepi.

6. Pecite rolice 3 do 4 minute sa svake strane, ili dok ne poprime zlatnosmeđu boju, a rolice ne postanu čvrste kada

se pritisnu i budu lagano ružičaste u sredini. Trebali bi biti malo čudni. Provjerite je li pečeno malim rezom na najdebljem dijelu ribe. Poslužite vruće s kriškama limuna.

Pečeni romb s povrćem

Rombo al Forno s povrćem

Za 4 porcije

Kalabrija ima dugu obalu duž Sredozemnog mora. Ljeti je ova regija popularna među Talijanima i ostalim Europljanima koji traže jeftini bijeg na plaži. Moj muž i ja jednom smo se vozili duž obale u blizini Scalee i jeli u lokalnom restoranu s velikom peći na drva. Kad smo stigli, kuharica je vadila velike posude s povrćem pečenim na maslinovom ulju i prelivenim svježom bijelom ribom. Povrće se zapeklo i prožeto ribu svojim izvrsnim okusom. Doma koristim romba kada ga nađem, ali dobro bi došli i drugi fileti bijele ribe.

1 crvena paprika, izrezana na komade od 1 inča

1 srednja tikvica, izrezana na komade od 1 inča

1 srednji patlidžan, izrezan na komade od 1 inča

4 srednje kuhana krumpira, izrezana na komade od 1 inča

1 srednji luk, izrezan na komade od 1 inča

1 list lovora

1/4 šalice plus 1 žlica maslinovog ulja

Sol i svježe mljeveni crni papar

4 deblja fileta romba, iverka ili druge bijele ribe

1 žlica soka od limuna

2 žlice nasjeckanog svježeg peršina

1. Postavite rešetku u sredinu pećnice. Zagrijte pećnicu na 425 ° F. Odaberite lim za pečenje dovoljno velik da u njega stane riba i povrće u jednom sloju ili upotrijebite dva manja lima. U tavi pomiješajte papriku, tikvice, patlidžan, krumpir, luk i lovorov list. Pospite s 1/4 šalice maslinova ulja te posolite i popaprite po ukusu. Dobro promiješajte.

2. Pecite povrće 40 minuta ili dok lagano ne porumeni i ne omekša.

3. Riblje filete posložite na tanjur i pospite preostalom žlicom ulja, limunovim sokom, peršinom te solju i paprom po ukusu. Povrće gurnite na vanjski rub posude i dodajte ribu.

Pecite dodatnih 8 do 10 minuta, ovisno o debljini ribe, dok ne postane neprozirna kada se prereže na najdeblji dio. Poslužite vruće.

Prženi brancin sa zelenim češnjakom

Branzino alle Verdure

Za 4 porcije

Grožđice i povrće s češnjakom poput blitve, špinata i endivije omiljena su kombinacija od Rima do južne Italije. Ovaj recept inspiriran je jelom koje je pripremio moj prijatelj, chef Mauro Mafrici, koji povrće poslužuje s hrskavim prženim ribljim filetima i pečenim krumpirom.

1 hrpa endivije (oko 1 funta)

3 žlice maslinovog ulja

3 režnja češnjaka, narezana na tanke ploške

Prstohvat mljevene crvene paprike

1 1/4 šalice grožđica

Sol

1 1/4 funte brancina, bakalara ili drugog čvrstog filea bez kože, debljine oko 1 1/2 inča

1. Odvojite listove i operite endiviju u nekoliko promjena hladne vode, posebno pazeći na središnja bijela rebra gdje se nakuplja prljavština. Složite listove i izrežite poprečno na trake od 1 inča.

2. U veliki lonac ulijte 2 žlice maslinovog ulja. Dodajte češnjak i crvenu papriku. Kuhajte na srednjoj vatri dok češnjak ne porumeni, oko 2 minute.

3. Dodajte escarole, grožđice i prstohvat soli. Pokrijte lonac i kuhajte, povremeno miješajući, dok escarole ne omekša, oko 10 minuta. Kušajte i prilagodite začine.

4. Ribu operite i osušite. Pospite komade solju i paprom. U srednje teškoj tavi zagrijte preostalu žlicu ulja na srednje jakoj vatri. Dodajte komade ribe kožom prema gore. Kuhajte dok riba ne porumeni, 4 do 5 minuta. Pokrijte tavu i kuhajte još 2 do 3 minute, ili dok riba ne postane neprozirna u sredini. Provjerite je li pečeno malim rezom na najdebljem dijelu ribe. Ribu nije potrebno okretati.

5.Pomoću šupljikave žlice premjestite escarole na 4 tanjura za posluživanje. Na vrh stavite ribu zapečenu stranu prema gore. Poslužite vruće.

Škrod s pikantnim umakom od rajčice

Oslić u Salsa di Pomodoro

Za 4 porcije

Ovu smo ribu jeli u domu napuljskih prijatelja, uz Falanghinu, ukusno bijelo vino iz regije. Uz ribu dobro ide kus-kus.

2 žlice maslinovog ulja

1 srednji luk, narezan na tanke ploške

Prstohvat mljevene crvene paprike

2 šalice konzervirane rajčice s njihovim sokom, nasjeckane

Prstohvat sušenog origana, izmrvljenog

Sol

1 1/4 funte fileta škarpine ili skroda, izrezanih na komade za posluživanje

1 1/2 žličice limunove korice

1. Ulijte ulje u srednju tavu. Dodajte luk i crvenu papriku. Kuhajte, često miješajući, na srednjoj vatri, dok luk ne omekša i ne porumeni, oko 10 minuta. Dodajte rajčice, origano i sol te pirjajte dok se umak ne zgusne, oko 15 minuta.

2. Ribu operite i osušite pa je pospite solju. Dodajte ribu u tavu i prelijte umakom. Poklopite i kuhajte 8 do 10 minuta, ovisno o debljini ribe, dok ne postane neprozirna kada se prereže na najdeblji dio.

3. Rupičastom žlicom prebacite ribu na tanjur za posluživanje. Ako je riba pustila puno tekućine, pojačajte vatru ispod posude i kuhajte uz često miješanje dok se umak ne zgusne.

4. Maknite umak s vatre i dodajte limunovu koricu. Umak prelijte preko ribe i odmah poslužite.

Carpaccio od lososa

carpaccio od lososa

Za 4 porcije

Obično se carpaccio odnosi na poput papira tanke kriške sirovog mesa poslužene s kremastim ružičastim umakom. Recept je navodno prije stotinjak godina osmislio venecijanski ugostitelj koji je želio razmaziti omiljenog klijenta kojemu je liječnik savjetovao da ne jede kuhanu hranu. Restaurator je ploču nazvao po Vittoreu Carpacciu, slikaru čiji su radovi u to vrijeme bili izloženi.

Danas se termin carpaccio odnosi na tanko narezanu hranu, sirovu i kuhanu. Ovi tanki kotleti od lososa se peku s jedne strane kako bi ostali vlažni i zadržali svoj oblik.

4 šalice potočarke

3 žlice ekstra djevičanskog maslinovog ulja

1 žlica svježeg soka od limuna

1 1/2 žličice limunove korice

Sol i svježe mljeveni crni papar

1 funta fileta lososa, narezanog na tanke kriške

1 mladi luk sitno nasjeckan

1. Isperite potočarku u nekoliko promjena hladne vode. Uklonite žilave stabljike i dobro osušite lišće. Narežite na male komadiće i stavite u zdjelu.

2. U posudi pomiješajte 2 žlice ulja, limunov sok, koricu te sol i papar po ukusu.

3. Zagrijte 1 žlicu ulja u velikoj neljepljivoj tavi na jakoj vatri. Dodajte ribu koja će stati u jedan sloj. Kuhajte dok lagano ne poprimi zlatnu boju na dnu, ali još uvijek rijetko na vrhu, oko 1 minutu. Pomoću velike lopatice izvadite lososa iz tave i stavite zapečenu stranu prema gore na veliki pladanj za posluživanje. Pospite solju i paprom po ukusu i polovicom mladog luka. Na isti način skuhajte preostali losos i dodajte ga u tavu. Na vrh stavite preostali luk.

4. Pomiješajte potočarku s preljevom. Stavite salatu na vrh lososa. Poslužite odmah.

Fileti lososa s bobicama kleke i crvenim lukom

Losos s Ginproom

Za 4 porcije

Bobice kleke tipična su aroma za gin i često se koriste za začinjavanje gulaša s divljači. Možete ih pronaći na mnogim tržnicama koje prodaju gurmanske začine. U ovom jelu od lososa, koje sam prvi put jeo u Veneciji, kuha se slatki crveni luk i smreka dok se luk ne otopi i postane umak za losos.

3 žlice maslinovog ulja

4 fileta lososa, debljine oko 3/4 inča

Sol i svježe mljeveni crni papar

2 srednje tanko narezana crvena luka

1 1/2 žličice bobica kleke

1 1/2 šalice suhog bijelog vina

1. U srednjoj tavi zagrijte ulje na srednjoj vatri. Posušite filete lososa i stavite ih u tavu. Kuhajte dok ne porumene, oko 3

minute. Okrenite filete lososa i popržite ih s druge strane još oko 2 minute. S lopaticom izvadite filete na tanjur. Pospite solju i paprom.

2. U tavu dodajte luk, bobice kleke i sol po ukusu. Dodajte vino i pustite da zakuha. Smanjite vatru i poklopite posudu. Kuhajte 20 minuta ili dok luk ne omekša.

3. Vratite filete lososa u tavu i žlicom pomiješajte luk preko ribe. Uključite vatru na srednju. Pokrijte i kuhajte dodatne 2 minute ili dok riba ne postane neprozirna kada se izreže na najdeblji dio. Poslužite odmah.

Losos s proljetnim povrćem

proljetni losos

Za 4 porcije

Losos nije mediteranska riba, no veliki dio je uvezen u Italiju iz sjeverne Europe posljednjih godina i postao je vrlo popularan u talijanskim kuhinjama. Ovaj recept za pečeni losos s proljetnim povrćem bio je posebno jelo u restoranu u Milanu.

Mijenjajte povrće, ali svakako koristite vrlo veliku tavu kako biste ga mogli raširiti u plitkom sloju. Ako su prepuni, povrće će postati mokro umjesto da porumeni. Koristim kalup za žele muffine 15 × 10 × 1 inča. Ako nemate jednu dovoljno veliku, rasporedite sastojke u dvije manje ramekine.

4 srednja crvena ili bijela voštana krumpira

1 šalica oguljene i nasjeckane mlade mrkve

8 cijelih ljutika ili 2 male glavice luka, oguljene

3 žlice maslinovog ulja

Sol i svježe mljeveni crni papar

8 unci šparoga, narezanih na komade od 2 inča

4 fileta lososa

2 žlice nasjeckanog svježeg začinskog bilja, poput vlasca, kopra, peršina, bosiljka ili kombinacije

1. Postavite rešetku u sredinu pećnice. Zagrijte pećnicu na 425 ° F. Izrežite krumpir na deblje ploške i osušite. U velikoj tavi za pečenje pomiješajte krumpir, mrkvu i ljutiku ili luk. Dodajte ulje te sol i papar po ukusu. Dobro promiješajte. Rasporedite povrće u pleh i pecite 20 minuta.

2. Promiješajte povrće i dodajte šparoge. Pecite još 10 minuta ili dok povrće lagano ne porumeni.

3. Pospite losos solju i paprom. Povrće gurnite na stranice posude. Dodajte filete lososa. Pecite dodatnih 7 minuta ili dok losos ne postane neproziran i još uvijek vlažan kada ga izrežete na najdeblji dio. Pospite začinskim biljem i odmah poslužite.

Riblji fileti u zelenom umaku

Riba u zelenom umaku

Za 4 porcije

Jedne sam godine proveo Novu godinu u Veneciji s prijateljima, a prije odlaska na ponoćku u katedralu svetog Marka, večerali smo u maloj trattoriji u blizini mosta Rialto. Jeli smo kraljevske kozice na žaru, rižoto sa sipom i ovo jelo od ribljih fileta pirjanih u umaku od peršina i bijelog vina s graškom. Nakon večere, prošetali smo ulicama koje su bile pune ljubaznih veseljaka, mnogi u fantastičnim kostimima.

$1 1/2$ šalice višenamjenskog brašna

Sol i svježe mljeveni crni papar

4 fileta iverka, pločica ili druge bijele ribe, debljine oko 1 inča

4 žlice maslinovog ulja

4 glavice mladog luka, sitno nasjeckane

$3 1/4$ šalice suhog bijelog vina

1 1/4 šalice nasjeckanog svježeg peršina

1 šalica smrznutog ili svježeg graška

1. Na komadu voštanog papira pomiješajte brašno, sol i papar po ukusu. Isperite ribu i osušite je, a zatim umočite svaki file u mješavinu brašna da lagano obložite obje strane. Otresite višak.

2. U velikoj tavi zagrijte 2 žlice ulja na srednje jakoj vatri. Dodajte ribu i zapržite je s jedne strane oko 3 minute. Okrenite ribu i pecite je s druge strane oko 2 minute. Koristeći metalnu lopaticu s prorezima, prebacite filete na tanjur. Očistiti tepsiju.

3. Preostale 2 žlice ulja ulijte u tavu. Dodajte luk. Kuhajte na srednjoj vatri dok ne poprimi zlatnu boju, oko 10 minuta. Dodajte vino i pustite da zakuha. Kuhajte dok većina tekućine ne ispari, oko 1 minutu. Dodajte peršin.

4. Vratite ribu u tavu i pokapajte umakom. Oko ribe rasporedite grašak. Smanjite vatru na minimum. Poklopite i kuhajte 5 do 7 minuta ili dok riba ne postane neprozirna kada se izreže na najdeblji dio. Poslužite odmah.

Pečeni iverak u papiru

Riba u Cartocciu

Za 4 porcije

Pečena riba u paketu od pergament papira je spektakularno jelo koje je zapravo vrlo jednostavno za napraviti. Papir zadržava sav okus ribe i začina i ima dodatnu prednost uštede na čišćenju. Aluminijska folija može se zamijeniti za pergament, ali nije tako atraktivna.

2 srednje rajčice, očišćene od sjemenki i nasjeckane

2 zelena luka, sitno nasjeckana

1/4 žličice sušenog mažurana ili majčine dušice

2 žlice svježeg soka od limuna

2 žlice maslinovog ulja

Sol i svježe mljeveni crni papar

4 (6 unci) fileta iverka, lososa ili druge ribe, debljine oko 1 inča

1. Postavite rešetku u sredinu pećnice. Zagrijte pećnicu na 400 ° F. U srednjoj zdjeli pomiješajte sve sastojke osim ribe.

2. Izrežite 4 lista pergamentnog papira na kvadrate od 12 inča (30 cm). Presavijte svaki list na pola. Otvorite papir i premažite unutrašnjost uljem. Na jednu stranu preklopa stavite riblji file. Mješavinu rajčice prelijte preko ribe.

3. Presavijte papir preko ribe. Zatvorite svaki paket tako da napravite male nabore od jednog kraja do drugog duž rubova i čvrsto presavijte. Pakete pažljivo stavite na 2 lima za pečenje.

4. Pecite 12 minuta. Da provjerite je li kuhana, razrežite paketić i narežite ribu na najdeblji dio. Trebao bi biti samo neproziran.

5. Stavite pakete na tanjure za posluživanje i dopustite gostima da otvore svoje. Poslužite vruće.

Pečena riba s maslinama i krumpirom

Riba u pećnici

Za 4 porcije

Mažuran je biljka koja se često koristi u Liguriji, iako nije dobro poznata u Sjedinjenim Državama. Okus mu je sličan origanu, iako je puno manje agresivan od sušenog origana. Majčina dušica je dobra zamjena.

Pokrenite krumpir unaprijed kako bi imao priliku porumenjeti i skuhati se. Zatim dodajte ribu da se sve ispeče u savršenom skladu. Zelena salata je sve što vam treba.

2 funte kuhanog krumpira, oguljenog i tanko narezanog

6 žlica maslinovog ulja

Sol i svježe mljeveni crni papar po ukusu.

2 žlice nasjeckanog svježeg peršina

1 1/2 žličice sušenog mažurana ili majčine dušice

2 žlice svježeg soka od limuna

1 1/2 žličice svježe naribane korice limuna

2 cijele ribe kao što su crvenperka ili brancin (oko 2 funte svaka), očišćene s netaknutim glavama i repovima

1 1/2 šalice blagih crnih maslina, poput Gaeta

1. Postavite rešetku u sredinu pećnice. Zagrijte pećnicu na 450 ° F. U veliku zdjelu pomiješajte krumpir s 3 žlice ulja te posolite i popaprite prema ukusu. Raširite krumpir u veliku, plitku posudu za pečenje. Pecite krumpire 25 do 30 minuta ili dok ne počnu pržiti.

2. Umiješajte preostale 3 žlice ulja, peršin, mažuran, limunov sok, koricu te sol i papar po ukusu. Pola smjese zagrabite u šupljinu ribe, a ostatak utrljajte u kožu.

3. Koristeći veliku lopaticu, okrećite krumpire i raspršite masline sa svih strana. Ribu dobro operite i osušite. Stavite ribu na krumpir. Pecite 8 do 10 minuta po inču debljine po najširem dijelu ribe ili dok meso ne postane neprozirno kada ga zarežete malim, oštrim nožem blizu kosti i dok krumpir ne omekša.

4. Premjestite ribu na topli pladanj za posluživanje. Ribu okružimo krumpirom i maslinama. Poslužite odmah.

Citrus Red Snapper

Pecajte Agrumija

Za 4 porcije

Bez obzira kakvo je vrijeme vani, osjećat ćete se kao da je prekrasan sunčan dan kada poslužite ovu ribu na žaru s citrusima. Recept je baziran na jednom koji sam probala u Positanu. Svježe, hrskavo vino poput sivog pinota savršena je pratnja.

1 srednja naranča

1 srednji limun

2 cijele ribe kao što su crvenperka ili brancin (oko 2 funte svaka), očišćene s netaknutim glavama i repovima

2 žličice nasjeckanih listova svježeg timijana

2 žlice maslinovog ulja

Sol i svježe mljeveni crni papar

1 1/2 šalice suhog bijelog vina

1 naranča i 1 limun, narezani, za ukrašavanje

1. Gulilicom povrća s rotirajućom oštricom uklonite polovicu kore s kore naranče i limuna. Složite komade i narežite ih na uske trake. Iscijedite voće da iscijedite sok.

2. Postavite rešetku u sredinu pećnice. Zagrijte pećnicu na 400 ° F. Namastite lim za pečenje dovoljno velik da u njega stane riba u jednom sloju.

3. Ribu dobro operite i osušite. Stavite ribu u tavu i udubljenje napunite majčinom dušicom i polovicom korice. Iznutra i izvana poškropite uljem te posolite i popaprite po ukusu. Ribu prelijte vinom, sokom i preostalom koricom.

4. Pecite, podlijevajući jednom ili dvaput sokom od tave, oko 8 do 10 minuta po inču debljine na najširem dijelu ribe ili dok meso ne postane neprozirno kada se reže malim oštrim nožem blizu kosti. Poslužite vruće, ukrašeno kriškama naranče i limuna.

riba u slanoj kori

riba za prodaju

Za 2 porcije

Usoljena riba i školjke tradicionalno su jelo u Liguriji i duž toskanske obale. Pomiješana s bjelanjkom, sol stvara debelu, tvrdu koricu tako da se riba unutra kuha u vlastitom soku. U Baia Beniamin, prekrasnom restoranu uz obalu u Ventimigliji blizu francuske granice, gledao sam konobara kako vješto lomi koru soli stražnjom stranom teške žlice i podiže je, uklanjajući kožu i sol jednim pokretom. . Unutra je riba bila savršeno pečena.

6 šalica košer soli

4 veća bjelanjka

1 cijela riba, poput crvenperka ili brancina (oko 2 funte svaki), očišćena s netaknutom glavom i repom

1 žlica nasjeckanog svježeg ružmarina

2 češnja češnjaka sitno nasjeckana

1 limun narezan na kriške

Ekstra djevičansko maslinovo ulje

1. Postavite rešetku u sredinu pećnice. Zagrijte pećnicu na 500 ° F. U velikoj zdjeli umutite sol i bjelanjke dok se sol ravnomjerno ne navlaži.

2. Namastite lim za pečenje dovoljno velik da u njega stane riba. Stavite ribu na lim za pečenje. Udubinu napunite ružmarinom i češnjakom.

3. Ravnomjerno nanesite sol na ribu, potpuno je prekrivši. Čvrsto utapkajte sol kako bi držala.

4. Pecite ribu 30 minuta ili dok sol ne počne lagano posmeđivati oko rubova. Kako biste provjerili je li kuhana, provucite termometar s trenutnim očitanjem kroz sol u najdeblji dio ribe. Riba je gotova kada temperatura dosegne 130°F.

5. Za posluživanje velikom žlicom izlomite koru od soli. Skinite sol i kožu s ribe i bacite. Pažljivo odvojite meso od

kostiju. Poslužite vruće s kriškama limuna i malo ekstra djevičanskog maslinovog ulja.

Pečena riba u bijelom vinu i limunu

Riba u bijelom vinu

Za 4 porcije

Ovo je osnovni način kuhanja cijele ribe srednje do male veličine. Jela sam ga u Liguriji, gdje su ga pratili artičoke i pirjani krumpir.

2 cijele ribe kao što su crvenperka ili brancin (oko 2 funte svaka), očišćene s netaknutim glavama i repovima

1 žlica nasjeckanog svježeg ružmarina

Sol i svježe mljeveni crni papar

1 limun narezan na tanke ploške

2 žlice nasjeckanog svježeg peršina

1 šalica suhog bijelog vina

1 1/4 šalice ekstra djevičanskog maslinovog ulja

1 žlica bijelog vinskog octa

1. Postavite rešetku u sredinu pećnice. Zagrijte pećnicu na 400 ° F. Namastite dovoljno veliku tavu da u nju stane riba jedna do druge.

2. Ribu operite i osušite izvana i iznutra. Unutrašnjost ribe pospite ružmarinom te posolite i popaprite po ukusu. Stavite nekoliko kriški limuna u udubljenje. Stavite ribu u tavu. Pospite peršin preko ribe i na vrh stavite preostale kriške limuna. Zalijte vinom, uljem i octom.

3. Pecite ribu 8 do 10 minuta po inču debljine na najširem mjestu, ili dok meso ne postane neprozirno kada se reže malim, oštrim nožem blizu kosti. Poslužite vruće.

Pastrva s pršutom i kaduljom

Kas na pršut i šalfiju

Za 4 porcije

Divlja pastrva je vrlo ukusna, iako se rijetko nalazi na tržnicama. Pastrve uzgojene u uzgoju puno su manje zanimljive, ali šunka i kadulja pojačavaju okus. Ovako pripremljenu pastrvu dao sam u Furlaniji-Julijskoj krajini, gdje se radila s tamošnjim pršutom iz mjesta San Daniele.

4 male cijele pastrve, očišćene, oko 12 unci svaka

4 žlice maslinovog ulja

2 do 3 žlice svježeg soka od limuna

6 svježih listova kadulje, sitno nasjeckanih

Sol i svježe mljeveni crni papar

8 vrlo tankih kriški uvoznog talijanskog pršuta

1 limun narezan na kriške

1. Namastite lim za pečenje dovoljno velik da u njega stane riba u jednom sloju.

2. U maloj posudi pomiješajte ulje, limunov sok, kadulju te sol i papar po ukusu. Smjesom pospite ribu izvana i iznutra. Marinirajte ribu u hladnjaku 1 sat.

3. Stavite rešetku za pećnicu u sredinu pećnice. Zagrijte pećnicu na 375 ° F. Stavite jednu krišku pršuta u svaku ribu i stavite drugu na vrh. Pecite 20 minuta ili dok riba ne postane neprozirna kada se zareže malim oštrim nožem blizu kosti. Poslužite vruće s kriškama limuna.

Pečene srdele s ružmarinom

Sarde s Rosamarinom

Za 4 porcije

Sardine, šljokice i inćuni pripadaju obitelji tamnomesnatih riba poznatih u Italiji kao pesce azzurro. Ostali članovi ove obitelji su skuša i, naravno, masna riba. Ružmarin ih jako dobro nadopunjuje u ovom toskanskom receptu.

1 1/2 funte svježih sardina, otopljenih ili inćuna, očišćenih (vidi napomenu ispod)

Sol i svježe mljeveni crni papar

1 žlica nasjeckanog svježeg ružmarina

1 1/4 šalice maslinovog ulja

1/4 šalice sitnih i suhih krušnih mrvica

1 limun narezan na kriške

1. Postavite rešetku u sredinu pećnice. Zagrijte pećnicu na 400 ° F. Namastite posudu za pečenje dovoljno veliku da u nju stanu sardine u jednom sloju.

2. Srdele složite na tanjur i izvana i iznutra pospite solju, paprom i ružmarinom. Pokapati uljem i posuti prezlama.

3. Pecite 15 minuta ili dok riba ne bude pečena. Poslužite s kriškama limuna.

Bilješka:Za čišćenje sardina: Velikim, teškim kuharskim nožem ili kuhinjskim škarama odrežite glave. Ribu zarežite po trbuhu i izvadite utrobu. Izvucite kralježnicu. Izrežite peraje. Isperite i ocijedite.

Sardine, na venecijanski način

Sarde u Saoru

Za 4 porcije

Grožđice i ocat dodaju fini slatki i kiseli okus ribi u ovom venecijanskom klasiku. Svakako pripremite ovaj recept barem jedan dan prije nego što ga planirate poslužiti kako bi se okusi ublažili. Male porcije su izvrsne kao predjelo. Sardine možete zamijeniti cijelom pastrvom ili skušom ili probajte filete lista. U Veneciji se sarde u saoru često poslužuju uz bijelo pečeno na žaru.<u>Palenta</u>.

8 žlica maslinovog ulja

3 glavice luka (oko 1 funte), narezane na 1/2 inča debljine

1 šalica suhog bijelog vina

1 šalica bijelog vinskog octa

2 žlice pinjola

2 žlice grožđica

2 kg sardina, čistih

1. Ulijte 4 žlice ulja u veliku tešku tavu. Dodajte luk i kuhajte na srednje niskoj vatri dok ne omekša, oko 20 minuta. Često miješajte i pažljivo pazite da luk ne porumeni. Po potrebi dodajte žlicu-dvije vode da luk ne izgubi boju.

2. Dodajte 1/2 šalice vina, 1/2 šalice octa, grožđice i pinjole. Pustite da zavrije i kuhajte 1 minutu. Maknite s vatre.

3. U drugoj tavi zagrijte preostale 4 žlice ulja na srednje jakoj vatri. Dodajte sardine i kuhajte dok sredina ne postane neprozirna, oko 2 do 3 minute po strani. Posložite sardine u jednom sloju u veliki pladanj. Ulijte ostatak vina i octa.

4. Rasporedite smjesu luka preko ribe. Pokrijte i stavite u hladnjak 1 do 2 dana da se okusi omešaju. Poslužite na hladnom sobnoj temperaturi.

Punjene sardine, na sicilijanski način

Sarde Beccafico

Za 4 porcije

Dr. Joseph Maniscalco, stari obiteljski prijatelj koji je došao iz Sciacce na Siciliji, naučio me kako napraviti ovaj tipični sicilijanski recept. Talijansko ime znači sardine poput djetlića, sočne ptičice koja voli jesti zrele smokve.

1 šalica suhih krušnih mrvica

Otprilike 1/4 šalice maslinovog ulja

4 fileta inćuna, ocijeđena i nasjeckana

2 žlice nasjeckanog svježeg peršina

2 žlice pinjola

2 žlice grožđica

Sol i svježe mljeveni crni papar

2 kg svježih sardina, očišćenih

listovi lovora

Kriške limuna

1.Postavite rešetku u sredinu pećnice. Zagrijte pećnicu na 375 ° F. Namastite mali lim za kolačiće.

2.U velikoj tavi tostirajte krušne mrvice na srednjoj vatri, neprestano miješajući, dok lagano ne porumene. Maknite s vatre i dodajte dovoljno ulja da ih navlažite. Dodajte inćune, peršin, pinjole, grožđice te sol i papar po ukusu. Dobro promiješajte.

3.Srdele otvorite kao knjigu i stavite ih s kožom prema dolje na ravnu površinu. Žlicom nanesite malo smjese od krušnih mrvica na glavu svake srdele. Srdele zarolati, obuhvatiti nadjevom, i staviti jednu do druge u tepsiju, svaku odvojiti listom lovora. Odozgo pospite preostale mrvice i pokapajte preostalim uljem.

4.Pecite 20 minuta ili dok kiflice ne budu pečene. Poslužite vruće ili na sobnoj temperaturi s kriškama limuna.

Srdele na žaru

Sarde alla Griglia

Za 4 porcije

Male, ukusne ribe poput sardina, mjehurića i inćuna neodoljive su kad se peku na roštilju. Na večeri s roštiljem u vinariji u Abruzzu gosti su stigli i zatekli nizove i redove male ribe kako se peče na vatri na drveni ugljen. Iako se činilo da ih je previše, ubrzo su nestali, zaliveni čašama ohlađenog bijelog vina Trebbiano.

Roštilj s košarama dobro podupire i okreće male ribe dok se peku. Ako ste dovoljno sretni da sami uzgajate stabla limuna ili naranče, a nisu tretirana kemikalijama, upotrijebite dio lišća za ukrašavanje svog pladnja za posluživanje. Inače će poslužiti radič ili čvrsti listovi zelene salate.

12 do 16 svježih ili otopljenih sardina, očišćenih

2 žlice maslinovog ulja

Sol i svježe mljeveni crni papar

Netretirano lišće limuna ili cikorije

2 limuna, izrezana na kriške

1. Postavite rešetku za roštilj ili roštilj oko 5 inča od izvora topline. Zagrijte roštilj ili roštilj.

2. Sardine osušite tapkanjem i premažite uljem. Lagano pospite solju i paprom. Pecite ribu na roštilju dok dobro ne porumeni, oko 3 minute. Pažljivo okrenite ribu i pecite dok ne porumeni s druge strane, još oko 2 do 3 minute.

3. Stavite listove u zdjelu. Na vrh stavite sardine i ukrasite kriškama limuna. Poslužite vruće.

Slani prženi bakalar

Baccala Fritta

Za 4 porcije

Ovo je osnovni recept za kuhanje baccale. Može se poslužiti sam ili preliven umakom od rajčice. Neki kuhari vole zagrijati umak u tavi i zatim dodati prženu ribu, kratko ih zajedno pirjati.

Otprilike 1 šalica višenamjenskog brašna

Sol i svježe mljeveni crni papar

1 funta baccale ili namočene sušene ribe, izrezane na komade za posluživanje

Maslinovo ulje

Kriške limuna

1. Raširite brašno, sol i papar po ukusu na voštani papir.

2. U velikoj teškoj tavi zagrijte oko 1/2 inča ulja. Brzo umočite komade ribe u mješavinu brašna, lagano otresajući sav

višak. U tavu stavite onoliko komada ribe koliko stane bez gužve.

3. Ribu kuhajte dok ne porumeni, 2 do 3 minute. Okrenite ribu hvataljkama, zatim je pecite dok ne porumeni i omekša, još 2 do 3 minute. Poslužite vruće s kriškama limuna.

Varijacija: Dodajte lagano zgnječene cijele režnjeve češnjaka i/ili svježe ili sušene čilije u ulje za prženje kako biste začinili ribu.

Slani bakalar, pizza stil

Baccala alla Pizzaiola

Za 6 do 8 porcija 8

U Napulju su rajčice, češnjak i origano tipični okusi klasičnog umaka za pizzu, zbog čega se ovo jelo začinjeno tim sastojcima naziva pizza style. Za dodatni okus u umak dodajte šaku maslina i nekoliko fileta inćuna.

2 funte namočenog bakalara, izrezanog na komade za posluživanje

4 žlice maslinovog ulja

2 velika češnja češnjaka, sitno nasjeckana

2 žlice nasjeckanog svježeg peršina

Prstohvat mljevene crvene paprike

3 šalice oguljenih, sjemenki i narezanih na kockice svježih rajčica ili 1 (28 unci) konzerva talijanskih rajčica, oguljenih, ocijeđenih i narezanih na kockice

2 žlice kapara, oprati, ocijediti i nasjeckati

1 žličica sušenog origana, izmrvljenog

Sol

1. Zakuhajte oko 2 inča vode u dubokoj tavi. Dodajte ribu i kuhajte dok riba ne omekša, ali se ne raspadne, oko 10 minuta. Ribu izvadite šupljikavom žlicom i ocijedite.

2. Ulijte ulje u veliku tavu s češnjakom, peršinom i mljevenom crvenom paprikom. Kuhajte dok češnjak lagano ne porumeni, oko 2 minute. Dodajte rajčice i njihov sok, kapare, origano i malo soli. Zakuhati i kuhati dok se tekućina malo ne zgusne, oko 15 minuta.

3. Dodajte ocijeđenu ribu. Prelijte ribu umakom. Kuhajte 10 minuta ili dok ne omekša. Poslužite vruće.

Slani bakalar s krumpirom

Baccala Palermitana

Za 4 porcije

Šetnja tržnicom Vucciria u Palermu na Siciliji fascinantan je doživljaj za svakoga, a posebno za kuhara. Tržni štandovi nižu se prepunim, krivudavim ulicama, a kupci mogu birati između raznovrsnog svježeg mesa, ribe i namirnica (kao i bilo čega, od donjeg rublja do baterija). U ribarnicama se prodaje baccala i sušena riba već namočena i spremna za kuhanje. Ovdje u SAD-u, ako nemate vremena namakati ribu, zamijenite baccalu komadima svježeg bakalara ili druge čvrste bijele ribe.

1 1/4 šalice maslinovog ulja

1 srednji luk, narezan na ploške

1 šalica nasjeckanih rajčica iz konzerve s njihovim sokom

1 1/2 šalice nasjeckanog celera

2 srednja krumpira, oguljena i narezana na ploške

1 1/2 funte baccale, namočene i ocijeđene

1 1/4 šalice nasjeckanih zelenih maslina

1. U velikoj tavi zagrijte ulje na srednje jakoj vatri. Dodajte luk, rajčice, celer i krumpir. Pustite da provrije i kuhajte dok krumpir ne omekša, oko 20 minuta.

2. Dodajte ribu i komade prelijte umakom. Pospite maslinama. Kuhajte dok riba ne omekša, oko 10 minuta. Probajte začine i po potrebi posolite. Poslužite vruće.

Škampi i grah

Gamberi e Fagioli

Za 4 porcije

Forte dei Marmi je prekrasan grad na toskanskoj obali. Ima eleganciju starog svijeta, s mnogo palača u stilu Art Deco, od kojih su neke pretvorene u hotele. Uz plažu možete iznajmiti ležaljku i suncobran na dan, tjedan ili mjesec. Moj muž i ja, s prijateljima Robom i Lindom Leahy, imali smo dugu raspravu o tome hoćemo li provesti dan na plaži ili jesti u restoranu koji se zove Lorenzo's. Linda je odlučila upiti sunce dok smo mi ostali otišli u restoran koji je specijaliziran za jednostavne pripreme morskih plodova, poput ovih škampi. Bilo nam je drago što jesmo.

16 do 20 velikih škampa, oguljenih i očišćenih

4 žlice maslinovog ulja

2 žlice sitno nasjeckanog svježeg češnjaka

2 žlice nasjeckanog svježeg bosiljka

Sol i svježe mljeveni crni papar

3 šalice kuhanog ili konzerviranog cannellini graha ili velikog sjevernog graha, ocijeđenog

2 srednje rajčice, narezane na kockice

listovi svježeg bosiljka, za ukrašavanje

1. U zdjeli pokapajte škampe s 2 žlice ulja, polovicom češnjaka, 1 žlicom bosiljka te posolite i popaprite po ukusu. Dobro promiješati. Pokrijte i ohladite 1 sat.

2. Postavite rešetku za roštilj ili roštilj oko 5 inča od izvora topline. Zagrijte roštilj ili roštilj.

3. U loncu kuhajte preostalo ulje, češnjak i bosiljak na srednjoj vatri oko 1 minutu. Dodajte mahune. Poklopite i pirjajte 5 minuta ili dok se ne zagrije. Maknite s vatre. Dodajte rajčice, sol i papar po ukusu.

4. Pecite škampe s jedne strane dok lagano ne porumene, 1 do 2 minute. Okrenite škampe i kuhajte ih dok lagano ne porumene i postanu neprozirni u najdebljem dijelu, još otprilike 1 do 2 minute.

5. Rasporedite grah na 4 tanjura. Oko graha posložite škampe. Ukrasite listićima svježeg bosiljka. Poslužite odmah.

Škampi u umaku od češnjaka

Gamberi al'Aglio

Za 4 do 6 porcija

Škampi kuhani u umaku s maslacem od češnjaka popularniji su u talijansko-američkim restoranima nego u Italiji. Ovdje ga često zovu "škampi s češnjakom", besmislen naziv koji ukazuje na njegovo netalijansko podrijetlo. Škampi nisu, kao što ime implicira, stil kuhanja, već vrsta školjki koja vrlo podsjeća na minijaturnog jastoga. Što se tiče kuhanja, škampi se obično peku na roštilju samo s malo maslinovog ulja, peršina i limuna.

Kako god ga zvali i kakvog god mu porijekla, škampi s češnjakom su ukusni. Ponudite dosta dobrog kruha da upije umak.

6 žlica neslanog maslaca

1 1/4 šalice maslinovog ulja

4 velika češnja češnjaka, sitno nasjeckana

16 do 24 velika škampa, oguljena i očišćena

Sol

3 žlice nasjeckanog svježeg peršina

2 žlice svježeg soka od limuna

1. U velikoj tavi otopite maslac s maslinovim uljem na srednjoj vatri. Dodajte češnjak. Kuhajte dok češnjak lagano ne porumeni, oko 2 minute.

2. Pojačajte vatru na srednje jaku. Dodajte kozice i posolite po ukusu. Kuhajte 1 do 2 minute, okrećite škampe jednom i kuhajte dok ne porumene, još oko 1 do 2 minute. Dodajte peršin i limunov sok i kuhajte još 1 minutu. Poslužite vruće.

Škampi s rajčicom, kaparima i limunom

Gamberi u umaku

Za 4 porcije

Ovo je jedan od onih brzih i prilagodljivih recepata koji Talijani tako dobro rade. Poslužite ga kakvog jest za brzo glavno jelo od škampa ili ga pomiješajte s tjesteninom i malo ekstra djevičanskog maslinovog ulja za izdašan obrok.

2 žlice maslinovog ulja

1 funta srednjih škampa, oguljenih i očišćenih

1 češanj češnjaka, malo zgnječen

Sol

1 pola litre cherry rajčice ili rajčice grožđa, prepolovljene ili na četvrtine ako su velike

2 žlice kapara, opranih i ocijeđenih

2 žlice nasjeckanog svježeg peršina

¼ žličice limunove korice

1. U tavi od 10 inča zagrijte ulje na srednje jakoj vatri. Dodajte kozice, češnjak i prstohvat soli. Kuhajte dok škampi ne postanu ružičasti i lagano zlatni, otprilike 1 do 2 minute po strani. Prebacite škampe na tanjur.

2. U tavu dodajte rajčice i kapare. Kuhajte uz često miješanje dok rajčice malo ne omekšaju, oko 2 minute. Vratite škampe u tavu i dodajte peršin i sol po ukusu. Dobro promiješajte i kuhajte još 2 minute.

3. Dodajte limunovu koricu. Odbacite češnjak i odmah poslužite.

Škampi u umaku od inćuna

Gamberi u umaku Acciughe

Za 4 porcije

Jednog proljeća, Gruppo Ristoratori Italiani, organizacija talijanskih restoratera u Sjedinjenim Državama, zamolila me da im se pridružim i grupi drugih pisaca o hrani na putovanju u regiju Marche u središnjoj Italiji. Smješteni smo u hotelu na obali i planiramo izlete i istraživanje okolnih mjesta. Jedne noći, olujno vrijeme je gotovo onemogućilo putovanje, pa smo jeli u lokalnom restoranu Tre Nodi. Vlasnik je bio pomalo ekscentričan i držao nam je predavanja o svojim teorijama o politici, hrani i kuhanju, ali plodovi mora bili su prekrasni, posebno veliki mediteranski crveni škampi kuhani s inćunima. Škampi su podijeljeni gotovo na pola, a zatim razrezani tako da mogu biti potpuno prekriveni umakom. Kad smo otišli,

11/2 funte jumbo škampa

4 žlice neslanog maslaca

3 žlice maslinovog ulja

2 žlice nasjeckanog svježeg peršina

2 velika češnja češnjaka, sitno nasjeckana

6 nasjeckanih fileta inćuna

1/3 šalice suhog bijelog vina

2 žlice svježeg soka od limuna

Sol i svježe mljeveni crni papar

1. Ogulite škampe, ostavljajući repove netaknute. Malim nožem zarežite škampe po dužini po leđima, zarežite gotovo s druge strane. Uklonite tamnu žilu i otvorite škampe poput knjige. Isperite škampe i osušite ih.

2. Postavite rešetku za roštilj ili roštilj oko 5 inča od izvora topline. Zagrijte roštilj ili roštilj. U velikoj tavi za pečenje otopite maslac s maslinovim uljem na srednjoj vatri. Kad se pjena od maslaca slegne, dodajte peršin, češnjak i inćune te kuhajte uz miješanje 1 minutu. Dodajte vino i limunov sok i kuhajte još 1 minutu.

3. Maknite tavu s vatre. Dodajte škampe prerezane strane prema dolje. Pospite solju i paprom. Škampe prelijte s malo umaka.

4. Premjestite tavu ispod brojlera i kuhajte oko 3 minute ili dok škampi ne postanu neprozirni. Poslužite odmah.

prženi škampi

Gamberi Fritti

Za 4 do 6 porcija

Jednostavno tijesto od brašna i vode daje ukusnu hrskavu koricu za pržene škampe. Imajte na umu da ovakvo tijesto neće jako porumeniti jer nema šećera ni bjelančevina. Za dublju smeđu koricu, probajte tijesto od piva (pržene tikvice, korak 2) ili onaj napravljen s jajima, kao u Tučeni škampi i lignje recept. Još jedan trik kojim se koriste mnogi kuhari u restoranima je da u lonac dodaju žlicu ulja preostalog od prženja dan prije. Razlozi su komplicirani, ali ako puno pržite, isplati se ostaviti malo ohlađenog ostatka ulja procijeđenog i u hladnjaku za sljedeći put kad pržite. Međutim, ono se ne čuva beskonačno, a prije upotrebe uvijek treba pomirisati ulje kako biste bili sigurni da je još uvijek svježe.

Ove škampe poslužite kao glavno jelo ili predjelo. Po želji se na isti način mogu popržiti cijele mahune, trakice tikvica ili paprike ili drugo povrće. Dobri su i cijeli listovi peršina, bosiljka ili kadulje.

1 šalica višenamjenskog brašna

1 1/2 žličice soli

Otprilike 3/4 šalice hladne vode

1 1/2 funte srednjih škampa, očišćenih od ljuske i žica

Biljno ulje za prženje

1. Stavite brašno i sol u srednju zdjelu. Postupno dodajte vodu, miješajući žičanom pjenjačom dok smjesa ne postane glatka. Smjesa treba biti jako gusta, kao kiselo vrhnje.

2. Isperite škampe i osušite ih. Pleh obložite papirnatim ručnicima.

3. U duboki teški lonac ulijte dovoljno ulja da dosegne dubinu od 2 inča ili ako koristite električnu fritezu, slijedite upute proizvođača. Zagrijte ulje na 370°F na termometru za prženje ili dok kap tijesta stavljena u ulje ne zacvrči i ne porumeni unutar 1 minute.

4. Stavite škampe u zdjelu s tijestom i bacite da se premazuju. Izvadite škampe jednu po jednu i pomoću hvataljki ih

pažljivo ubacite u ulje. Pecite samo onoliko kozica koliko stane bez gomilanja odjednom. Kuhajte škampe dok lagano ne porumene i postanu hrskavi, 1 do 2 minute. Ocijedite na papirnatim ručnicima. Na isti način popržite i preostale škampe. Poslužite vruće s kriškama limuna.

Tučeni škampi i lignje

Frutti di Mare in Pastella

Čini 6 porcija

Gdje god u Italiji nađete školjke, naći ćete kuhare koji ih prže u hrskavo tijesto. Ovo tijesto se pravi od jaja i kvasca, što kori daje laganu, prozračnu strukturu, zlatnu boju i dobar okus. Iako za većinu kuhanja koristim maslinovo ulje, za prženje preferiram blijedo biljno ulje.

1 žličica aktivnog suhog kvasca ili instant kvasca

1 šalica tople vode (100 do 110°F)

2 velika jaja

1 šalica višenamjenskog brašna

1 žličica soli

1 funta malih škampi, bez ljuske i žica

8 unci očišćenih lignji (kalamari)

Biljno ulje za prženje

1 limun narezan na kriške

1. U srednjoj zdjeli pospite kvasac preko vode. Ostavite stajati 1 minutu ili dok ne postane kremasto. Promiješajte da se otopi.

2. U smjesu s kvascem dodajte jaja i dobro ih umutite. Dodajte brašno i sol. Tucite pjenjačom dok ne postane glatko.

3. Dobro operite kozice i lignje. Znam to. Lignje narežite poprečno na kolutove od 1/2 inča. Ako je velik, prerežite bazu svake skupine ticala na pola.

4. U duboki teški lonac ulijte dovoljno ulja da dosegne dubinu od 2 inča ili ako koristite električnu fritezu, slijedite upute proizvođača. Zagrijte ulje na 370°F na termometru za prženje ili dok kap tijesta stavljena u ulje ne zacvrči i ne porumeni unutar 1 minute.

5. U tijesto dodajte kozice i lignje. Vadite komade nekoliko po nekoliko, ostavljajući da višak tijesta kapne natrag u zdjelu. Pažljivo stavljajte komade u vruće ulje. Nemojte puniti

lonac. Pržite, jednom miješajući šupljikavom žlicom, dok ne porumene, 1 do 2 minute. Školjke izvadite iz posude i ocijedite na papirnatim ručnicima. Na isti način popržite i ostatak. Poslužite vruće s kriškama limuna.

Ražnjići od škampa na žaru

Spiedini di Gamberi

Za 4 porcije

Iako je bogata kuhinja Parme i Bologne poznatija, kuhinja obale Emilie-Romagne vrlo je dobra i često vrlo jednostavna. Izvrsno voće i povrće s lokalnih farmi i prekrasni svježi plodovi mora glavni su oslonci. Moj suprug i ja jeli smo ove ražnjiće od škampa na žaru u primorskom gradu Milano Marittima. Školjke se mogu zamijeniti komadima ribe s čvrstim mesom.

1 1/2 šalice krušnih mrvica

1 žlica sitno nasjeckanog svježeg ružmarina

1 češanj češnjaka, oguljen i sitno samljeven

Sol i svježe mljeveni crni papar

2 žlice maslinovog ulja

1 funta srednjih škampa, oguljenih i očišćenih

1 limun narezan na kriške

1. Postavite rešetku za roštilj ili roštilj oko 5 inča od izvora topline. Zagrijte roštilj ili roštilj.

2. U srednjoj zdjeli pomiješajte krušne mrvice, ružmarin, češnjak, sol i papar po ukusu te ulje i dobro promiješajte. Dodajte škampe i promiješajte da se dobro oblože. Navucite škampe na ražnjiće.

3. Pecite na roštilju dok škampi ne postanu ružičasti i pečeni, otprilike 3 minute po strani. Poslužite vruće s kriškama limuna.

Jastog "Brat Đavo"

Aragosta Fra Diavolo

Za 2 do 4 porcije

Iako ovaj recept ima mnoga obilježja klasičnog južnotalijanskog morskog jela, uključujući rajčice, češnjak i ljutu papričicu, uvijek sam sumnjao da je talijansko-američki izum. Moj prijatelj Arthur Schwartz, voditelj Razgovora o hrani na radiju WOR s Arthurom Schwartzom, stručnjak je za napuljsku kuhinju, kao i za povijesnu kuhinju New Yorka, i slaže se sa mnom. Arthur smatra da se vjerojatno razvila u talijanskom restoranu u New Yorku prije nekoliko godina i od tada je popularna. Naziv se odnosi na pikantni umak od rajčice u kojem se jastog kuha. Poslužite uz špagete ili tost s češnjakom.

2 živa jastoga, oko 1 1/4 funte svaki

1/3 šalice maslinovog ulja

2 velika češnja češnjaka, lagano zgnječena

Prstohvat mljevene crvene paprike

1 šalica suhog bijelog vina

1 konzerva (28 unci) oguljenih rajčica, ocijeđenih i narezanih na kockice

6 svježih listova bosiljka, narezanih na komadiće

Sol

1. Stavite jednog od jastoga na dasku za rezanje sa šupljinom prema gore. Nemojte uklanjati trake koje drže kandže zatvorene. Zaštitite ruku teškim ručnikom ili držačem za posudu i držite jastoga iznad repa. Umočite vrh teškog kuharskog noža u tijelo gdje se rep spaja s grudima. Potpuno izrežite, odvojite rep od ostatka tijela. Škarama za perad uklonite tanku ljusku koja prekriva meso repa. Izdubite i uklonite tamnu repnu venu, ali ostavite zeleni tomalley i crveni koralj, ako ih ima. Ponovite s drugim jastogom. Rep poprečno prerezati na 3-4 dijela. Ostavite dijelove repa sa strane. Tijelo jastoga i kandže na zglobovima izrežite na komade od 1 do 2 inča. Udarite kandže tupom stranom noža da ih slomite.

2. U velikom teškom loncu zagrijte ulje na srednje jakoj vatri. Dodajte sve komade jastoga osim repova i kuhajte uz često miješanje 10 minuta. Oko komada pospite češnjak i ljutu papričicu. Dodajte vino i kuhajte 1 minutu.

3. Dodajte rajčice, bosiljak i sol. Zakuhajte. Kuhajte uz povremeno miješanje dok se rajčice ne zgusnu, oko 25 minuta. Dodajte repove jastoga i kuhajte dodatnih 5 do 10 minuta ili dok meso repa ne postane čvrsto i neprozirno. Poslužite odmah.

Pečeni punjeni jastog

Amollicated Aragoste

Za 4 porcije

U Italiji i diljem Europe tipična vrsta jastoga je bodljikavi ili kameni jastog, kojemu nedostaju velike, mesnate pandže sjevernoameričkih jastoga. Međutim, vrlo su dobrog okusa i ovdje se često prodaju kao smrznuti repovi jastoga. Ako ne želite imati posla sa živim jastozima, ovaj recept možete napraviti sa smrznutim repovima tako da malo smanjite količinu pohanja i skuhate ih bez odmrzavanja, samo dok sredina ne postane prozirna. Ovaj recept je tipičan za Sardiniju, iako se jede u cijeloj južnoj Italiji.

4 živa jastoga (oko 11/4 funte svaki)

1 šalica suhih krušnih mrvica

2 žlice nasjeckanog svježeg peršina

1 češanj češnjaka sitno nasjeckan

Sol i svježe mljeveni crni papar

Maslinovo ulje

1 limun narezan na kriške

1. Stavite jednog od jastoga na dasku za rezanje sa šupljinom prema gore. Nemojte uklanjati trake koje drže kandže zatvorene. Zaštitite ruku teškim ručnikom ili držačem za posudu i držite jastoga iznad repa. Umočite vrh teškog kuharskog noža u tijelo gdje se rep spaja s grudima. Potpuno izrežite, odvojite rep od ostatka tijela. Škarama za perad uklonite tanku bijelu ljusku koja prekriva donju stranu repa, otkrivajući meso. Izdubite i uklonite tamnu repnu venu, ali ostavite zeleni tomalley i crveni koralj, ako ih ima.

2. Postavite rešetku u sredinu pećnice. Zagrijte pećnicu na 450 ° F. Namastite 1 ili 2 velike posude za pečenje. Stavite jastoge licem prema gore u kalupe za pečenje.

3. U srednjoj zdjeli pomiješajte krušne mrvice, peršin, češnjak te sol i papar po ukusu. Dodajte 3 žlice ulja ili toliko da se mrvice navlaže. Smjesu rasporedite po jastozima u tavi. Još malo pokapati uljem.

4. Pecite jastoge 12 do 15 minuta, ili dok meso repa ne izgleda neprozirno kada se prereže na najdeblji dio i dok se ne osjeti čvrsto kada se pritisne.

5. Poslužite odmah s kriškama limuna.

www.ingramcontent.com/pod-product-compliance
Lightning Source LLC
Chambersburg PA
CBHW070423120526
44590CB00014B/1513